博士论文
出版项目

农地确权对农户农业生产效率的影响研究

Research on the Impact of Land Titling on Farmers' Agricultural Production Efficiency

耿鹏鹏 著

中国社会科学出版社

图书在版编目(CIP)数据

农地确权对农户农业生产效率的影响研究 / 耿鹏鹏
著. -- 北京：中国社会科学出版社, 2024. 12. -- ISBN
978-7-5227-3895-6

Ⅰ. F323.5

中国国家版本馆 CIP 数据核字第 2024JF0305 号

出 版 人	赵剑英	
责任编辑	黄 丹	曲 迪
责任校对	阎红蕾	
责任印制	李寡寡	

出　　　版	中国社会科学出版社
社　　　址	北京鼓楼西大街甲 158 号
邮　　　编	100720
网　　　址	http://www.csspw.cn
发 行 部	010-84083685
门 市 部	010-84029450
经　　　销	新华书店及其他书店

印　　　刷	北京君升印刷有限公司
装　　　订	廊坊市广阳区广增装订厂
版　　　次	2024 年 12 月第 1 版
印　　　次	2024 年 12 月第 1 次印刷

开　　　本	710×1000　1/16
印　　　张	12.25
字　　　数	176 千字
定　　　价	68.00 元

凡购买中国社会科学出版社图书，如有质量问题请与本社营销中心联系调换
电话：010-84083683

出 版 说 明

为进一步加大对哲学社会科学领域青年人才扶持力度，促进优秀青年学者更快更好成长，国家社科基金 2019 年起设立博士论文出版项目，重点资助学术基础扎实、具有创新意识和发展潜力的青年学者。每年评选一次。2023 年经组织申报、专家评审、社会公示，评选出第五批博士论文项目。按照"统一标识、统一封面、统一版式、统一标准"的总体要求，现予出版，以飨读者。全国哲学社会科学工作办公室同时编辑出版《国家社会科学基金博士论文出版项目概要（2023）》，由入选成果作者撰写，重点介绍入选成果内容。

全国哲学社会科学工作办公室

2024 年

摘　　要

　　产权制度与经济绩效的关系一直是学界关注的重要议题。经典产权理论强调，明晰且稳定的产权是资源配置及效率提升的根源。基于此，农村土地制度改革以来，中国在政策层面不断强化地权稳定性。2009 年试点并于 2013 年全面推进的农村土地承包经营权确权登记颁证政策，是维护地权稳定与安全最为重要的制度安排，也被期待成为提升农业效率的重要举措。然而，理论与政策并未得到实践的一致性响应。

　　制度绩效与实施的具体情境密切相关，农地产权制度的实施效果也具有情境依赖性。在地权模糊和农民产权弱化曾一度长期存在的背景下，同质且无约束的农地确权极易诱发农民地权珍惜不足而导致农业经营无序化和积极性下降。同时，被"精耕细作"形塑的中国小农，其经营管理水平还未能匹配确权带来的要素配置改变。

　　本书的基本判断为，农地确权对农户农业生产效率的影响，难以达成一致的重要原因是，忽视了确权实施的情境依赖及其关联性效果，特殊情境下确权会诱发效率耗散。因此，本书构建"农地确权—情境约束—农业生产效率"的分析线索，基于确权实施的历史情境和现实情境，揭示确权效率耗散的产权逻辑和要素配置逻辑，并基于中国劳动力动态调查的微观数据展开实证分析，结果表明：（1）农地确权可以提升农业规模效率，但显著降低纯技术效率；规模化情境下，农户农机自我服务效率强于外包服务；农户兼业程度加深会带来纯技术效率提高。在确权背景下，全职农民尚不具备与要素改变相匹配的管理水平和技术能力。(2)农地调整和确权分别是自上而下的地权"约束机制"和"补偿机制",两种机制的平衡与失衡决定了纯技术效率的实现过程。对于农地无调整、小调整、大调整的三类农户,确权的经济绩效大体呈现倒"U"形结构。(3)确权诱发的要素配置改变导致纯技术效率损失,但确权会提升专业户和外包户的纯技术效率。而且,外包服务不会挤出农业劳动力,分工经济将进一步拓展农村就业空间以留才、用才。

本书基于理论与实证分析,提出如下政策建议:一是强化对普通农户的技能培训,以匹配现代农业生产。推进建设自我服务与外包服务相匹配的分工经济体制。二是在法律层面明确农户地权权益,重申与其关联的义务或约束,形成责权对应且"激励—约束"的制衡机制。不断优化确权的实施环境,保障农民地权排他性与政策实施稳定性,改善和强化农民的政策信任。三是完善农地流转市场,推动人格化向市场化转型。大力培育农业专业队伍和新型农业经营主体。加强引导和推进农业社会化服务发育,以分工促就业,以就业留人才。

关键词:农地确权;农地调整经历;要素配置;农户农业生产效率

Abstract

The relationship between property rights system and economic performance has always been an important issue in academic circles. Classical property rights theory emphasizes that clear and stable property rights are the root of resource allocation and efficiency improvement. Based on this, since the rural land system reform, China has continuously strengthened the stability of land rights at the policy level. The policy of confirming, registering and certificating the contracted management rights of rural land, which was piloted in 2009 and comprehensively promoted in 2013, is the most important institutional arrangement for maintaining the stability and security of land rights, and is also expected to become an important measure to improve agricultural efficiency. However, theory and policy have not been matched by practice.

The performance of the system is closely related to the specific context of implementation, and the implementation effect of the farmland property right system is alsocontext-dependent. Under the background of vague land rights and the weakening of farmers' property rights for a long time, the homogenous and unrestricted confirmation of agricultural land rights is very easy to induce farmers' lack of land rights, which leads to the disorder of agricultural management and the decline of enthusiasm. At the same time, the management level of China's small farmers, who are shaped by "intensive cultivation", has not matched the change of factor allocation brought about by the confirmation of rights.

The basic judgment of this book is that the important reason why it is difficult to reach a consensus on the impact of land ownership confirmation on the agricultural production efficiency of farmers is that the situational dependence and correlation effect of the implementation of land ownership confirmation are ignored, and the efficiency dissipation will be induced by the right confirmation under special circumstances. Therefore, this book builds the analysis clue of "agricultural land ownership-situational constraints-agricultural production efficiency", reveals the property rights logic and factor allocation logic of the dissipation of ownership efficiency based on the historical and realistic situations of the implementation of ownership confirmation, and carries out empirical analysis based on the micro-data of the survey of China's labor dynamics. The results show that: (1) Agricultural land ownership can improve agricultural scale efficiency, but significantly reduce pure technical efficiency; In the large-scale situation, farmers' self-service efficiency is stronger than outsourcing service. The deepening of farmers' part-time employment will bring about the improvement of pure technical efficiency. Under the background of right confirmation, full-time farmers do not have the management level and technical ability to match the change of factors. (2) Farmland adjustment and ownership confirmation are top-down land rights "restraint mechanism" and "compensation mechanism" respectively, and the balance and imbalance of the two mechanisms determine the realization process of pure technical efficiency. For the three types of farmers with no adjustment, small adjustment and large adjustment of agricultural land, the economic performance of ownership confirmation generally presents an inverted "U" structure. (3) The change of factor allocation induced by the right confirmation leads to the loss of pure technical efficiency, but the right confirmation will improve the pure technical efficiency of professional and out contracted households. Moreover, outsourcing services will not crowd out agricultural labor, and the division of labor economy will further expand rural employment space to retain talents.

This book based on theoretical and empirical analysis, the following policy recommendations are proposed: The first is to strengthen the skills training of ordinary farmers to match modern agricultural production. Promote the construction of self-service and outsourcing services matching the division of labor economic system. The second is to clarify farmers' land rights and interests at the legal level, reaffirm the obligations or constraints associated with them, and form a balance mechanism of corresponding responsibilities and rights and "incentive-constraint". Optimize the implementation environment of right confirmation continuously, ensure the exclusivity of farmers' land rights and the stability of policy implementation, improve and strengthen farmers' policy trust. The third is to improve the agricultural land transfer market and promote the transformation from personalization to marketization. We will vigorously cultivate agricultural professionals and new types of agricultural business entities. We will strengthen guidance and promote the development of socialized agricultural services, promote employment through division of labor, and retain talents through employment.

Key Words: Land Titling; Farmland Adjustment Experience; Factor Allocation; Agricultural Production Efficiency

目　　录

Contents

第 一 章

绪 论

第一节 研究背景

边界明晰且长期稳定的产权结构历来被视为经济发展的重要决定因素（North and Thomas，1973；Acemoglu et al.，2001）。经典产权理论也明确指出，明晰且稳定的产权安排是资源配置及其效率提升的根源。其内在机理和理论依据在于，长期稳定且边界明晰的产权界定与实施能够强化经济主体的行为预期，激励其生产的积极性，诱导其开展长期的经营活动（Furubotn and Pejovich，1972），由此实现整个国家经济绩效的增长和社会财富的积累（Banerjee et al.，2002；Robinson，2004；Sokoloff and Engerman，2000）。对应于农业生产领域中，学术界的主流观点是，农地产权边界明晰且长期稳定将有助于提升农户家庭的农业生产效率（Alchian and Demsetz，1973；Ghatak and Roy，2007）。其基本依据和实现逻辑在于：一方面表达为对小农生产的行为激励效应。具体而言，地权的明晰与稳定所形成的农地产权安全效应，有利于强化农民的地权安全感知，安全的农地产权将进一步强化农民的行为激励以及稳定农民对农业未来长期稳定产出的预期，提高农民农业生产的积极性和能动性（戴维、陈欢，2018）。与之相反，农地产权若存在安全性和稳定性不足的风险隐患，则意味着农户家庭在整个农业生产经营的过程与周期内，可能随时面临不同类型的经营风险，严重时甚至有失去土地的风险。由此导致的是，农户家庭前期的农业投资、经营投入与生产能力将随着农地的失去而丧失，实际上，这相当于对农户家庭将来的农业产出与经济剩余征纳税赋，显然这将抑制农户农业生产的积极性、打击农户开展长期农业经营的信心（Besley，1995；姚洋，2004）。另一方面表达为对产权交易的激励效应。具体而言，明晰且稳定的农地产权将提高农地产权的市场交易价值，而且明晰的产权更有利于定价入市，从而进一步活跃农村要素市场。市场机制的逐步完善将促进农地从低效率农户转向生产效率高的经营主体（Holden et al.，2007），有效集中农地，扩大农地经营规模以提高农业规模报酬，实现适度规模经营和"能人"种地的双重效益，缓解小农经营的低效率问题。

　　显然，稳定且安全的地权安排是农业经济发展的重要基石，地权稳定性具有重要的行为激励作用。为了在公平导向中实现农业效率，农村改革以来，在实施农地均包并频繁进行地权调整的同时，中央政府一直努力尝试稳定地权，坚持以农村土地集体所有制为根本，力图赋予农民更加充分与稳定的农地产权。应该强调，尽管我国在2009年试点并于2013年在全国范围推进实施了农村土地承包经营权确权颁证工作，但不可忽视的是，在此之前，中国农村的农地产权长期面临边界模糊、地权不稳定、不安全的历史问题。事实上，新中国地权制度改革历程是一部地权模糊的历史，农地产权模糊和农民地权弱化的问题曾一度存在。改革开放以来，中国农地产权制度变革呈现明显的阶段性特征——以保障农户生存安全而维护地权公平为主线的农地调整、以改善农户生产投资行为预期而不断强化的地权稳定、以扩展效率空间而逐步实施的地权细分与产权盘活——从而表达了中国农地制度的政策目的正在从"在效率导向中维护公平"转化为"在公平导向中谋求效率"。特别地，我国在政策层面不断要求强化农地产权的稳定性，并沿着赋权强能的方向进行改革（陈锡文，2009；罗必良，2017；Luo，2018）。

改革开放后，我国农地政策推进与实施可分为两个核心阶段，即"还权"阶段和"赋能"阶段（罗必良，2019）。"还权"阶段的国家核心意图是给予广大农民更充分和完全的土地剩余控制权和剩余索取权，此项工作始于家庭联产承包责任制的推行（陈锡文，2014；罗必良，2019）。自1978年安徽凤阳小岗村施行"包产到户"及之后的5年时间内，全国实行家庭承包改革的农民家庭已经达到了99%以上（Bai and Kung，2014）。实施家庭承包初期的主要任务是，改变农村集体农业生产方式和分配方式，通过满足农民获得剩余索取权的诉求从而激发农民开展农业生产的积极性与能动性（冀县卿、钱忠好，2009）。接下来的"赋能"阶段是从1984年开始的。这一时期，我国政府的政策努力的重点是赋予农民更充分的农地产权，并不断放松对农地流转的管制。1984年发布的中央一号文件《关于1984年农村工作的通知》是中国首次以国家正式文件的方式明确鼓励农村土地向"能人"转移。1988年出台的《中华人民共和国土地管理法》《中华人民共和国宪法修正案》是国家以法律形式承认村集体土地的流转权。但这仅限于集体层面的部分还权（孔泾源，1993）。2003年起施行的《中华人民共和国农村土地承包法》，第一次以国家法律的形式赋予农民长期稳定的土地承包经营权。从2006年开始，几乎历年的中央一号文件都会提及鼓励农民在自愿、有偿、依法的原则下流转农地。这一阶段，农地制度改革向着土地承包经营权的"准私有化"方向进行，从政策层面不断强化农地和农民之间的承包关系，稳定农户的生产经营预期，放松农地流转管制并保护产权交易的合法收入。

无论是从理论上讲还是从逻辑上讲，上述旨在维护地权稳定、强化地权功能属性的农地产权制度改革都理应对农业的发展产生积极作用，但理论并未得到事实的一致性响应。"还权"阶段与"赋能"阶段的农业生产绩效并不一致。1978年，家庭联产承包责任制的确立无疑使农民的农业生产积极性得到了极大提升（Lin，1992；

孙圣民、陈强，2017）。1979—1984 年，仅 6 年的时间，我国粮食总产量水平就增加了 10254 万吨，相当于人民公社时期 20 年的粮食增加额。但 1984 年之后，中国农业的增长出现了滞缓的局面（仇童伟、罗必良，2018），而且农民收入的增长陷入缓慢的状态（陈锡文，2009）。旨在维护地权明晰与稳定的农地制度改革整体走向与其对农民农业生产激励的影响并没有呈现一致的线性关系。

在不断推进农村土地制度改革的进程中，中国广大的农村社会也在发生着深刻的变化，为了适应新时期农村社会的诸多变化，2009 年，中国开始了新一轮农地确权试点工作，对应于之前的"还权""赋能"阶段，这一阶段的土地制度改革可以称为"赋权强能"。2009 年试点并于 2013 年全面推广的新一轮农村土地确权登记颁证工作在强化地权的同时力图赋予农民更多的土地财产权益。2017 年，党的十九大报告强调，要在二轮承包到期后承包期再延长30 年，完善承包地的"三权"分置制度。很显然，在中国的农地制度改革已经完成对地权的管制放松与还权于农的基础上，国家在2009 年以来的进一步努力集中于赋予农民更多的土地财产权益、强化地权的功能属性。

第二节　问题提出

众多制度经济学学者均信奉制度对经济社会发展的重要作用（North and Thomas，1973）。North（1990）明确指出，制度是经济增长的主要诱因，资本和技术因素并非经济增长的原因而是经济增长本身。Acemoglu 等（2001）的研究认为制度可以解释各个国家经济差异的 3/4。Levine（2003）在控制制度因素后发现，贸易、经济一体化等变量对经济增长的影响均不再存在。但需要关注和重视的是，一样的制度在不同国家实施，所带来的经济绩效并不相同。尤为典型的是，西方民主制度除了少数发达国家，在其他众多国家实施并没有带来经济的增长（Rodrik and Wacziarg，2005）。特别是在非洲国家，西方民主制度的实施反而诱发了国家经济的衰败（Kaplan，2000；Chua，2002）。

制度本身对经济增长的影响因国别不同而异。在不同的约束条件下，制度形成的均衡也不尽相同，甚至在同一国家不同的发展阶段，制度的绩效也存在差异（Rodrik et al.，2004；郭明星等，2008）。可见，分析制度的实施绩效必须关注其约束条件，制度的实施效果具有情境依赖性（洪炜杰、罗必良，2019；郭明星等，2008）。对应于农地产权制度与农户农业生产效率之间关系的研究，需要关注农地产权制度实施的具体情境，同时也需要重视处于转型期中国农村和农民的基本特点。

农地确权的实施将会带来农户农业生产效率的提高，得到了理论和政策的一致支持与响应，其理论依据主要有两点：一是产权激励。产权稳定且明晰形成的产权安全效应，使农民保有稳定的经营预期并进行长期的经营行为，激励农民的农业生产积极性（North and Thomas，1973；罗必良，2019）。二是合理化要素配置。稳定农地产权将有利于活跃农村要素市场，促进农地从低效率农户转向生产效率高的经营主体（Holden et al.，2007），实现规模经济与"能人"种地的双重效益。换言之，农地确权带来农业生产效率提升面临两个约束条件，即农地确权是否带来了产权安全效应、农地确权是否诱导了农地资源的合理配置。

先对产权安全效应进行考察。新中国成立以来，特别是社会主义改造完成后，地权模糊和农民产权弱化长期是中国农村地权的基本特征。尤其是家庭联产承包责任制改革后，"均包"制下的地权均分方式诱发了频繁的地权调整。可以说，虽然农地确权政策旨在维护地权明晰与稳定，但农地确权强化农民产权安全性感知将受到农地调整经历的影响。换言之，地权调整经历作为历史情境和制度遗产对确权效率的影响发挥着不可忽视的作用。考虑到农地确权是同质的赋权，但农地调整经历在不同的农户群体中发生程度不同，农地调整对确权效率决定的影响是主流文献中所认为的简单线性关系吗？这些问题的剖析和证伪将为农业生产效率的产权逻辑重新刻画维度。

再对要素交易效应进行考察。中国农村历来被认为是"差序格局"社会，在中国农地流转市场中，土地向农业生产"能人"转移并非常态，规模化实现主要发生在亲友邻居间，小农置换小农的同质化替代在形成规模化经营的同时并未实现"能人"种地（邹宝玲、罗必良，2019）。强化农民产权、长期稳定地权以实现农户农业生产效率取决于农业生产要素的生产效率和配置效率（仇童伟、罗必良，2018）。但农地确权带来的经营性生产要素投入的改变，是否会在"非能人"经营中形成效率耗散，特别是当适度规模化的实现主体为普通农户时，稳定地权的制度安排是否将"揠苗助长"？这均需要加以特别关注和深刻剖析。

基于上述分析，本书立足中国的土地制度实践，力图通过理论与实证剖析农地确权在中国地权制度实施的历史情境和现实情境中可能诱发的部分效率耗散，解释效率损失的生成根源，并重点探讨以下三个问题。

第一，考虑到效率层次的结构性和多维性，将农户农业生产效率细分为综合效率、纯技术效率和规模效率①，分别考察农地确权对农户农业生产各个维度效率的影响。通过检验农地确权对农户农业生产综合效率的影响考察农地确权后农户的资源配置能力、资源使用效率等多方面能力的综合水平的作用程度。通过对农业生产规模效率的考察试图明确农地确权是否带来了实际经营规模的优化。特别是通过检验农地确权对农户农业生产纯技术效率的影响，发现确

---

① 农业生产综合效率是对农户的资源配置能力、资源使用效率等多方面能力的综合衡量与评价；农业生产纯技术效率反映的是农户在一定规模（最优规模）投入要素下的生产效率，是农户受管理和技术等因素影响的生产效率，可以反映出经营主体的特征；农业生产规模效率反映的是实际规模与最优规模的差距，是由农地规模因素影响的生产效率。

权是否带来了农户生产积极性的改观抑或经营管理水平的改善。通过对农业生产综合效率、纯技术效率和规模效率的考察发现农地确权诱发了"规模实现"和"技术耗散"的特殊现象，并解答了纯技术效率的损失为何与经典产权理论和政策预期不符，以及这一效率耗散的生成根源是什么。

第二，基于产权实施的历史情境，从农地产权自由拓展和行为约束视角解释农地确权诱发农户农业生产纯技术效率耗散这一特殊现象的产权逻辑。建立"农地确权—调整经历—行为响应—经济效率"的分析框架。考虑到单一从产权安全性感知解释的不一致性，本书将农地调整和农地确权分别视为自上而下的"约束机制"和"补偿机制"引入研究框架，探讨在不同农地调整程度下，农地确权对农户农业生产纯技术效率的影响，对于主流文献中农地调整经历对确权效率实现的影响呈现线性结构的判断质疑，并转换分析视角，从地权调整的反向激励或者内部约束和农地确权的产权激励正向影响的平衡与失衡角度进行经验分析。从而逻辑一致地解释农户农业生产纯技术效率耗散产生的产权逻辑。

第三，基于产权实施的现实情境，从农地确权带来的生产要素改变与小农经营管理水平的匹配性出发，解释纯技术效率耗散的要素配置逻辑。农业确权政策的实施会带来农户农业生产过程中的生产要素投入水平发生改变。但不可忽视的问题是：第一，中国农村的农地流转还未完成土地向"能人"或新型农业经营主体的适配转移，小农经营依然占据主导地位；第二，长期精耕细作、"一亩三分地"的小农经营格局形塑了普通小农的农业经营管理水平；第三，中国农村与农户家庭内部学习能力最强的"精英"劳动力被城市吸纳，意味着农户的经营管理水平与农地确权诱发的生产要素改变并不匹配。考虑到农机社会化服务对农村劳动力的"替代"效应，以及"吸纳"劳动力留在农村部门的功能，本书进一步探讨农业社会化服务的劳动力配置效应对农业生产纯技术效率的正向激励作用。

第三节　研究意义

一　理论意义

第一，经典的产权理论均指出产权安全性与稳定性强化对实现经济绩效具有积极意义，这已经成为现代经济增长的黄金法条。农地确权政策实施的目的是通过确权颁证维护农民产权安全性、强化农民产权。本书从农地产权的角度证明，农地确权会实现农户农业生产效率的提高，但也会在一定程度上带来部分效率的损失。事实表明，农地确权与农户农业生产效率之间的关系走向统一是需要基于一定情境的。本书指出，农地确权如何影响农户农业生产效率的评判需要谨慎，或者说应该多维度地看待，在肯定农地确权对提高农业生产效率积极作用的同时，也应该看到可能造成的效率损失。区别以往效率研究中对效率结构的单维判断，进一步细分效率的层次，明确各部分效率背后的产权逻辑与要素配置逻辑。

第二，认识到农地确权的局限性。"通过对农地进行确权颁证，能够实现效率提升"在很长一段时间内几乎成为学术界的共识。研究发现，在不同的经济发展阶段，以及不同的农地确权实施情境中，农地确权的作用具有不一致性和局限性。在不合适的阶段进行农地确权或者在不同的情境中实施农地确权，不仅不能够提高农户的农业生产效率，还可能会导致农民深陷确权的"效率陷阱"。因此，农地确权制度的实施实际上和各国的阶段性特点以及实施的具体情境密切相关，具有情境依赖性特质。

第三，纠正以往文献中所认为的农地调整经历对确权农户农业生产效率决定的线性影响的观点。在主流文献中，农地调整如何影响农地确权对农户农业生产效率的影响的判断过于主观，根据经验未经历过农地调整的农户产权安全感知最高，将成为农地确权后生产积极性最高且最可能实现效率提升的经营主体。上述研究缺陷致使在观察农地调整历史情境对农地确权农户农业生产效率影响中遇到理论挑战：由于无农地调整经历农户的特殊性，农地调整与确权经济效率之间的关系，或许并非线性变化而可能是多重均衡的。以往研究未能理论一致地诠释农户农业生产效率实现的从调整到稳定的产权逻辑。

第四，明确要素配置的作用路径。速水佑次郎（2003）已经提及，农业绩效的实现源于要素的配置效率和生产效率的改善。其中，要素的组合和管理方式的改变则是改善农业生产效率的重要途径。因此，体现经营管理水平的纯技术效率必须引起人们足够的重视。本书基于纯技术效率所反映的经营主体的经营管理问题，并将要素配置的重点集中在经营主体和要素结构改变的匹配程度上，进一步考察社会化服务进入对劳动力的重要替代作用。

二　实践意义

第一，新一轮农地确权于 2009 年开始试点，于 2013 年在全国范围内推广实施，是一项宏伟的工程，关系到每个农民生产生活的方方面面。农地确权会对农户的农业生产效率产生什么影响，则关系到中国农民的基本福祉，国家未来农业的经营格局，同时也影响到中国城镇化、工业化的进程。因此，对农地确权的效率实现效应进行评估，有利于对农业经营格局作出预判。

第二，有利于理解农地确权政策在不同地方的影响有何不同。中国地域辽阔，不同地方的经济发展水平不同，城镇化水平不同，农地确权的影响也可能存在差异。本书从农地确权实施的历史情境和现实情境两个方面探究效率实现与耗散的内在根源，有利于政策制定者根据不同情境，评估农地确权的实施效果，因地制宜，制定其他政策，引导农业的可持续发展。

第三，对下一步的政策制定与实施具有一定的启发意义。本书提出以下四个基本的问题：一个完全自由和无约束的产权安排是最优的吗？农地确权带来的要素流动实现了向效率主体的汇聚吗？中国传统小农具备地权稳定下的要素管理和配置能力吗？中国稳定地权的制度安排和蓬勃发展的农地流转市场需要哪些措施加以匹配以发挥出最大效率功能？这些问题的答案将让我们重新审视农地确权改革的实施情况。

第四，本书对于其他发展中国家的农地制度改革有一定的借鉴意义。农地确权在不同国家的不同发展阶段影响不同，在不同的实施情境中发挥的作用也不尽相同，甚至可能产生负面影响。因此，各个国家应该根据本国的实际情况，充分考察制度的实施环境，在适当的发展阶段和实施情境中进行农地制度改革，或者在农地确权的同时辅以其他的政策手段，可能更加有利于农地确权发挥出提升农户农业生产效率的作用。

第四节   研究内容和研究思路

一   研究内容

制度实施的绩效与其实施的历史情境和现实情境密切相关，具有明显的情境依赖性。农地确权对农户农业生产效率的影响也存在情境依赖性。本书通过构造"农地确权—情境约束—农户农业生产效率"的分析框架，在对农地产权作用机理方面的相关文献进行梳理的基础上，结合中国现阶段农村社会的特点，分析农地确权如何影响农户农业生产效率。在此基础上，利用相关的计量方法进行实证分析，总结相关的结论，并提出相关的政策建议，具体内容如下。

第一章：绪论。主要阐述研究背景，说明问题提出、研究意义研究内容和研究思路、研究方法以及可能的创新点。

第二章：文献综述。农地确权是众多发展中国家制度改革的一个重要环节，本章首先回顾了国外农地确权相关文献，梳理其他发展中国家农地确权对农业生产效率的影响效果、作用路径和实施背景。其次对中国农地制度改革历程进行简单的梳理，并整理了中国农地制度改革和农户农业生产效率的相关文献，归纳农地确权发挥作用的约束条件，发现可以拓展的空间。

第三章：农地确权情境约束与农业生产效率的理论分析。在第二章的基础上，以"农地确权，情境约束和农业生产效率"为主要线索，分析现阶段农业生产效率提升主要面临的历史情境约束和现实情境约束，结合农地产权的作用机理，从产权逻辑和要素配置逻辑解释农地确权颁证如何诱发了农户的农业生产部分效率损失，提出本书的研究假说。

第四章：农地确权与农户农业生产效率。结合农户调研数据，将农户农业生产效率细分为农业生产综合效率、农业生产纯技术效率和农业生产规模效率，对农地确权对农业生产效率的整体影响进行实证检验，从而发现旨在维护产权稳定与明晰的农地确权政策并没有如理论预期和政策导向那样完全带来农业生产效率的实现，反而会带来农业生产纯技术效率的耗散，并对这一现象做一些不同的情境分析。本章的重点内容是发现并初步阐释农地确权可能诱发农户农业生产的部分效率的损失，并基于纯技术效率耗散这一现象进行初步的解释。

第五章：农地确权、调整经历与农业生产纯技术效率。建立"农地确权—调整经历—行为响应—经济效率"的分析框架。将农地调整和农地确权分别视为自上而下的"约束机制"和"补偿机制"引入研究框架。使用数理模型分析表明，同质的缺乏制度措施匹配的农地确权农户可能并不是效率实现的最优主体，经历过适度调整的确权农户是最有效率和生产积极性最高的农业经营主体。这一观点从行为经济学的视角，对主流文献中农地调整经历对于确权效率实现的影响呈现线性结构的判断质疑，从地权调整的反向激励或者内部约束和农地确权的产权激励正向影响的平衡与失衡角度解释了农业生产纯技术效率耗散的产权根源。

第六章：农地确权、要素配置与农业生产纯技术效率。从要素配置的现实情境出发，首先研究农地确权导致纯技术效率耗散的要素配置机制，从而阐明中国普通小农并不具备农地确权带来的要素配置管理和处置的能力。进一步探究了农机社会化服务进入对农地确权纯技术效率耗散效应的减弱效应。其基本机理在于，农机社会化服务不仅会替代劳动力实现农业经营主体的置换，同时又不会将劳动力挤出农业部门，发展农机社会化服务将成为农村与城市争夺人才的重要策略。而人才留在农村部门无疑将带来农业经营管理水平的提高，从而实现农业生产纯技术效率的提升。

第七章：结论与讨论。在前面各章理论和实证研究的基础上，对本书的研究结论进行总结，并展开讨论，凝练研究的理论意义和实践意义，提出本书的政策建议。

二 研究思路

为了研究现阶段农地确权如何影响农户农业生产效率，本书的研究思路如图 1 - 1 所示。

第一，根据相关的研究背景，从两个方面进行梳理：（1）了解其他发展中国家在实施农地确权时的社会背景及其实施效果，同时了解中国农村社会的阶段性特征，以及务农主体的基本情况，归纳出农地确权的情境约束。（2）阅读相关文献，尤其是产权理论、制度经济学以及各个发展中国家农地确权相关的理论和实证研究，整理出农地产权对农户农业生产效率的作用路径，找出可以拓展的空间。

第二，根据上述文献整理归纳的历史约束和现实约束及农地产权作用机理，构建文章的分析框架。进而根据分析框架的假设，分析在历史情境和现实情境的约束下，农地确权如何影响农户的农业生产效率，并提出本书的研究假说。

第三，进一步地，根据各章的需要，利用微观农户调查数据，尤其是目前得到学术界认可度较高的微观数据库进行实证分析和检验。

第四，在理论推导和实证研究的基础上，得到各章的研究结论，

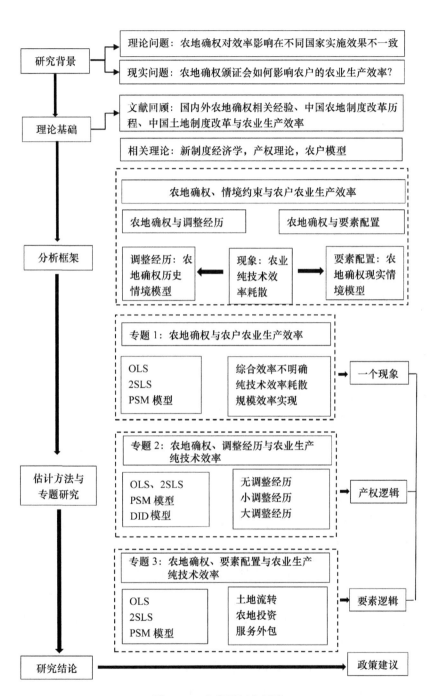

图1-1 本书的研究思路

并在各章节研究的基础上，对全书进行凝练总结，提出政策建议。

第五节　研究方法

一　逻辑演绎法

在大量阅读农地产权和农业生产效率相关文献的基础上，对各个文献研究的背景、结论和作用逻辑进行整理分类，分析不同研究背景下的结论有何不同及不同的原因。进而，结合中国现阶段农村的特点和产权的相关理论，构建农户农业生产效率决定的历史情境和现实情境，并对各个情境进行逻辑推演，定性分析不同约束条件下农地确权对农户的农业生产效率的影响。

二　实证分析法

理论推导只是从逻辑层面分析两个变量之间可能的关系，与研究者所作出的前提假设密切相关。因而需要利用相关数据，结合有关的计量模型，对研究假说进行实证检验。

本书利用中国劳动力动态调查和全国 9 个省份 2704 个农户数据等相关数据库，结合相关的计量方法进行相关性和因果性分析。本书通过构建交互项对不同约束下农地确权的影响效应进行识别。考虑到线性模型在对交互项系数的估计方面更有优势（Ai and Norton，2003），因此，如无特别提及，本书中使用的计量模型都是普通最小二乘法（OLS）。OLS 模型也有利于直接估计各个变量的边际效应，有利于对估计结果的解读。

实证研究过程中可能会因内生性问题导致估计结果出现偏误。常见的内生性来源包括遗漏重要变量、互为因果、测量误差、样本选择偏误等类型。在本书中，农地确权是自上而下的政策，由各地政府实施执行，因此，本书可能存在由遗漏重要变量引起的内生性问题。此外，根据经典文献的分析，产权的实施和农户农业生产之间也可能存在互为因果的内生性问题。在处理内生性问题时，本书主要使用的方法有工具变量法、PSM 模型、DID 模型等，以进行稳健性检验。

第六节　可能的创新点

已有文献注意到，农地确权政策在不同的国家、不同的实施环境中，对农户农业生产效率的影响具有明显的差异，已有文献缺乏对这一差异一致性与合理性的解释。特别是对于农地确权可能诱发农户农业生产的部分效率损失这一现象缺乏观察和解释。本书可能的创新点如下。

第一，无论是理论预期还是政策导向，都一致性地肯定农地确权政策对于农户农业生产效率的积极意义。本书从效率结构的层次性入手，从理论和现实维度剖析农地确权政策诱发部分效率耗散这一特殊现象。本书认为，农地并非高价值的物品，缺乏约束机制或者制衡机制加以匹配，农地确权政策会诱发农户对土地珍惜程度的不足。基于这个逻辑，从历史情境出发，分析发现经历过农地小调整的确权农户是最有效率的经营主体。从这个角度来说，旨在维护地权稳定和明晰的农地确权政策并不能实现农户农业生产效率的最大化，反而可能诱发农民土地珍惜不足引致抛荒、生产积极性下降等问题。本书的边际贡献是，发现农地调整在农地确权对农户农业生产效率影响中的作用，或许并非线性变化而是多重均衡的。

第二，立足农地确权政策实施的现实情境，讨论农地确权的要素配置效应如何影响效率决定。农地产权会对农户的生产行为各个方面产生影响，这几乎是常识。本书通过探究农地确权诱发纯技术效率耗散的要素配置机理说明农地确权带来的要素结构改变与中国小农有限的经营管理水平是不匹配的，并指出了诱导分工、发展农业社会化服务对于扭转这一局面的积极意义。本书的边际贡献在于，证明了产权的要素配置效应对农户农业生产效率的影响具有两面性。

第三，认识到农地产权对农业生产效率的影响受到其实施情境的约束。本书不仅单独讨论农地确权对农户农业生产效率的影响，还结合中国农地确权实施的历史情境和现实情境，讨论农地确权纯技术效率耗散的产权逻辑和要素配置逻辑。本书发现在不同情境条件下，农地确权可能并不会如经典理论所预期的那样实现效率改善，并在学理上给予一致性的解释，从而为我国进一步完善产权制度改革，进一步释放农地确权政策红利提供了有益的政策启示。

第 二 章

文献综述

第一节　农村地权制度和农业
生产效率：国外经验

产权并不是单一维度的概念，而是一个包含排他权、处置权、收益权等的多维权力束，产权表达为关于物的界定的人与人之间的关系，是一类关于人对于物品的占有关系、处置关系的行为规范，以及由此带来的权利与义务（Alchain，1965）。整体而言，基于产权归属和排他群体范围的差异，可以将产权分为共有产权和私有产权以及介于两者之间的产权形态。由于不同形式的产权所形成的产权主体范围差异、排他群体范围差异，不同产权具有不同的激励力度和诱导作用。一般而言，有别于公有产权，私有产权的排他性范围更广、强度更高，能够通过内部化处理机制化解成本并最大化收益，避免出现被"搭便车"的问题，从而可以最大限度地激发人们的生产积极性。由此私有产权往往被视为最具经济效率的产权形式（巴泽尔，1997）。而公有产权往往出现更多的"公共领域"，激励人们攫取"公共领域"租值的行为，尤其是"搭便车"的行为无法得到有效抑制，"公地悲剧"成为一种时常发生的现象。因此，公有产权历来被认为是一种低效率的产权安排（Hardin，1968）。

　　有别于部分发达的资本主义国家的土地私有制，很多亚洲和非洲国家并非土地私有制，这些国家的农民无法拥有土地而仅仅获得了土地的使用权（Janvry et al.，2015）。由此带来的问题是，在这些发展中国家的农业生产中，农民的农业生产积极性和开展长期经营的信心往往不足，其农业生产效率也是极其低下的。基于此，赋予农民更充分的农地产权，强化农民农地产权权属关系，稳定农民的经营预期，激发农民长期经营和开展农业生产的积极性、能动性，往往被这些国家视为农村土地制度改革的必要措施和应有之义。由此，实施农村土地的私有化或者推进农地确权颁证以实现农村土地的"准私有"被赋予重要历史使命（Ault and Rutman，1979；Johnson，1972）。Deininger（2003）指出，强化农地产权的安全性是贫困落后国家和地区发展经济的根基，是缓解并摆脱贫困的重要基础。在国际上，包括世界银行在内的多个国际组织，对贫困国家开展援助的重要前提就是要求这些国家进行土地的确权颁证（Dower and Potamites，2005；Payne et al.，2009；Stamm，2004）。

　　农地确权对农户农业生产效率的影响一直以来都是学术界关注的焦点。但是已有文献出现了较大的结论上的不一致。Markussen（2008）对柬埔寨农地确权情况的研究和 Newman 等（2015）对越南的研究均发现了农地确权均有助于提高农业生产效率。但与之不一致的是，Jacoby 和 Minten（2007）对马达加斯加的研究和 Hombrados 等（2015）对坦桑尼亚农地确权情况的研究表明，农地确权政策的实施对于农业生产效率的提升并没有发挥显著作用。

　　支持农地确权将带来农户农业生产效率提高的学者普遍认为，"对农地实施确权颁证可以实现农业生产效率提升"主要是通过对农业经营中的投资行为激励、农地产权交易行为的诱导和改善信贷抵押实现的。第一，农地确权颁证可以明确地权关系，强化农民的权能，增强地权安全性和稳定性，地权归属的明晰界定将大幅降低土地纠纷发生的可能性，稳定农民的长期经营预期并进一步诱导农民开展长期的经营性工作，鼓励长期农业投资、保护和提高耕地质量、积极采纳新技术,从而提高农户农业生产效率水平(Ghebru and Holden,2015)。第二,产权明晰是市场化交易的前提,农地确权可以通过产权的明晰与稳定有效降低农地产权交易市场中的发生成本和交易费用,从而强化农业生产要素的市场化流动和配置效率,由此农地流转和产权交易将在市场配置下流向农业生产"能人",实现农业生产的规模化、集约化和专业化,进而提高农业生产效率水平(Deininger et al.,2011)。第三,农地确权可以强化农地的功能属性并提高农地的经济价值,从而使农地作为获取信贷资源的有效抵押物,这无疑是面临流动性约束和资金约束农民的"福音",强化农户的农业投资能力,显然将进一步提高农户的农业生产效率(Newman et al.,2015)。

但学术界也存在不同的观点,已有研究认为,农村地区市场化的交易市场尚未形成,要素流动面临障碍,而且农地确权政策对地权安全性、稳定性的保障力度都不足,这些都会导致农地确权对农户农业生产效率的影响不如预期。第一,农地确权制度实施之前的农地产权制度已经释放出足够多的保护地权安全性与稳定性的政策红利,农地确权政策对于产权安全性和稳定性的强化空间大大不足,从而导致农地确权政策并不能发挥提高农业生产效率的功能(Heltberg,2002)。第二,农业生产的规模化与集约化实现需要较为完备的农业基础设施和一定发展程度的农村要素市场进行匹配,因此,缺乏相应的实施条件就会导致农地确权不仅无法强化地权的稳定性与安全性,而且会诱发一系列的关联后果,农业生产效率也无法取得有效的提高(Jacoby and Minten,2007)。第三,农地确权并没有如政策和理论预期的那样提高农民的产权安全感知,特别是金融机构并没有将农地确权后的土地视为安全和有效的抵押物,由此,农地确权也无法显著影响农业生产效率。

第二节　中国农村地权制度改革：演进过程与政策背景

　　新中国成立初期，中国农村面临的主要问题是农民土地赋权。当时的中国农村具有以下三个突出矛盾，第一，封建剥削的土地制度还尚未根除并严重阻碍了中国农村生产力与经济社会的发展；第二，多年的国家战乱与国内外环境的波折动荡致使农业、农村和农民普遍陷入破败和贫困的状况，急需国家政策的调整，使农民得以休养生息、调动农民生产积极性；第三，"打土豪分田地"取得了广泛的革命动员，新中国成立后，迫切需要的是国家改变农村的土地分配关系以兑现"政治承诺"。因此，新中国成立后，中国共产党领导广大农民开展了土地改革，通过平均地权的方式使广大农村普遍确立了以农户家庭为单位的土地私有制与家庭经营。土地改革的实施对于迅速稳定新中国乡村的秩序是具有重要意义的。土地改革后，"耕者有其田"的地权"均分"方式实际上赋予了农民实实在在的土地权利，农业生产力得以迅速恢复。

　　土地改革后农业生产力的恢复实际上是产权明晰的结果，但国家在接下来的农村工作中反而将模糊产权作为农业经济发展的动力之一。党和国家着手对农业进行社会主义改造，并号召互助合作以鼓励农民加入互助组和初级农业生产合作社。从农户单干，到互助组、初级社，尽管农民土地私有的性质并未改变，但入社农民必须以土地入股的形式由社组统一经营，劳动成果统一分配，仅保留了入股土地的分红。此时土地的产权安排与农民经济剩余的分享已经出现激励弱化，拥有土地所有权的农民事实上已经失去了对土地的直接支配权。

　　从初级社向高级社的过渡，既是政治的需要，更是经济的需要（Luo，2018），虽然并不符合当时中国农村生产力的实际，但在政治浪潮中迅速席卷整个农村地区。截至 1956 年年底，全国基本实现了土地集体所有制的高级农业生产合作社，所有土地无偿转变为集体公有。1958 年，全国开始建立"一大二公"的人民公社体制，1962 年经过调整，基本确定了"三级所有、队为基础"的人民公社制度框架（辛逸，2002）。这一时期农村经济体制的特征是，全面实行生产资料集体公有前提下的统一经营、共同劳动和统一分配。人民公社时期，模糊的产权制度使国家对村庄的管制达到了前所未有的全面覆盖。

在人民公社体制的集体劳动与计划种植（以粮为纲）体制下，不仅达到了农业剩余的广泛动员的目的，而且有效支持了国家工业化建设。但"揠苗助长"组织方式的直接后果是农村经济的发展迟滞、农业生产效率的低下与农民的普遍贫穷（Lin，1987；张江华，2007）。党的十一届三中全会后，家庭联产承包责任制得以实施，农户家庭经营主体地位得以确立，废除统购统销制度、松动户籍管制制度、解体人民公社制度，使农民由受制变为自主，进而由自主升华为自由，从而迅速实现了农村经济的腾飞。

在家庭联产承包责任制的制度框架下，农村的土地所有权归村集体所有（Almond et al.，2019）。为了完成村庄的税收和配额任务（Perkins，1988）及满足农民的生存需要，村集体按照均分原则将集体土地的承包经营权分配给村社中的所有集体成员。地权均分的制度准则意味着村社中的婚丧嫁娶、人口增减均会诱发地权分配关系的变更（Oi，1999）。由此，随着村社人口变化，土地调整成为长期存在的普遍现象。

但是，国家通过稳定地权以稳定农民预期的政策意图一直存在（陈锡文，2009），中央政府出台了一系列禁止土地再分配和保障土地权利安全性的政策。1984 年，中央一号文件明确规定了耕地承包期限至少为 15 年。在此期间，如果群众有重新分配土地的要求，可以根据"大稳定小调整"的原则统一分配。1993 年，国家将耕地承包期限延长至 30 年。1998 年，《中华人民共和国土地管理法》要求给予农民 30 年耕地承包经营权的书面文件（Chen and Davis，1998）。然而这次政策并没有被彻底执行，许多农村家庭并没有从村庄收到任何法律文件（Jin and Deininger，2009）。2003 年，《中华人民共和国农村土地承包法》继续推进对农民土地承包经营权的法律保护，要求集体和农民必须签订土地承包合同和土地承包经营权证（Zhu et al.，2006）。但是，后期的农户调研显示许多农户家庭仍然没有获得任何法律文件（Wang et al.，2015）。不仅如此，Wang 等（2011）的调查显示：1998—2008 年，有 42% 的村庄经历了农地的重新分配，农民的土地承包经营权仍未受到法律文件的保护。特别地，从事非农劳动的农民有失去耕地的风险（Yang，1997；Brandt et al.，2004）。

随着国家城市经济的不断发展，城市提供了更多非农就业机会和农民获得发展的机会，但是，农地产权的不稳定和不安全性极大阻碍了农村劳动力向城市的转移（洪炜杰、胡新艳，2019；刘晓宇、张林秀，2008）。因此，2008 年，《中共中央关于推进农村改革发展若干重大问题的决定》强调，农民的农地承包经营权必须保持长久不变。

2009 年，我国开始开展农村土地承包经营权确权登记和颁证的试点工作。农地确权工作是分阶段逐步开展的。2009—2010 年，8 个基于村组的乡村开展试点。2011—2013 年，基于乡镇的数百个县投入试点。2014 年，以县为单位的试点工作首次在山东、四川、安徽三个省进行。2015 年，确权颁证工作进入第四阶段。江西、湖北、湖南、甘肃、宁夏、吉林、贵州、江苏和河南 9 个省和自治区被列入"省级推进"试点的行列。之后，农地确权在其他省份迅速铺开。

在这一轮农地确权中，中央政府希望农地确权颁证的工作能够实施得尽可能彻底。在实际执行中，基层政府以自然村为单位，聘请专业工作人员对每个农户的土地进行详细的测量登记，之后将每个家庭土地的详细信息，包括面积、形状及"四至"向村民公示。

如果农民对他们的农地信息存疑，可以要求村干部重新进行测量；如果没有争议，则对土地信息进行签名确认。进而，省（自治区、直辖市）政府会将农民的土地信息和农户家庭信息一起打印在农村土地承包经营权证书上，并由村干部发放给农民，完成土地的确权颁证。可以说，在中国农地制度改革已经完成对地权的管制放松与还权于农的基础上，自 2009 年以来的进一步努力则集中于赋予农民更多的土地财产权益、强化地权的功能属性。

第三节　农村地权制度和农业
生产效率：中国实践

随着中国农地制度改革的推进，部分文献对中国各个时期土地制度改革的绩效进行了评估。Lin（1992）研究中国家庭联产承包责任制的确立对中国农业绩效的影响，发现家庭联产承包责任制对中国 1978—1984 年农业增长的贡献为 46.89%。不过，随后中国农业产出的增长出现了停滞局面。

随后的研究主要关注农地调整或者与农地调整相关联的失地风险如何影响农户的农业生产效率。学术界一直在批评作为非正式治理的土地调整造成农地生产效率的下降（黄季焜等，2008；Zhang et al.，2011），但是，早在 20 世纪，Williamson（1996）就对非正式治理的重要性给予了充分肯定，而农地调整在学术界一直是饱受诟病的产权界定方式。已有研究认为，农地调整致使经营权不稳定，抑制了农户对农地的长期投资，并降低了农业绩效（Zhang et al.，2011；Wang et al.，2011）。但是，许庆和章元（2005）的研究表明，由于农地调整的间隔期与农地投资回收期是匹配的，农地调整不会造成农业投资减少。甚至有研究认为，从学理上看，农地调整所包含的经营权不稳定可以转化为经营效率问题。农地调整因经常性地变更承包地，在导致地块细碎化的同时，也会降低农户对农地的生产性投资并提高其投资回收风险。此时，农户将通过增加劳动投入提高土地产出率。尤其是在非农就业不稳定时，农业中将出现劳动投入过密化现象。仇童伟和罗必良（2019）认为基于农地调整与否来判断农地产权的稳定性或安全性在很大程度上与农村基本事实不符，而且借助效率视角评价非正式社会安排本身缺乏科学性。

农地产权对于农户农地流转的研究较多，然而并未形成一致的观点，从而是否会促进其农业生产效率的提高也不确定。但是，农地经营规模扩大有利于农业生产率或技术效率实现得到了诸多文献的证实（Hayami and Otsuka，1993；Hazel et al.，2010；Kagin et al.，2016），并且学界普遍认为，农地流转具有改善农业要素配置效率和提高农业经营绩效的作用（姚洋，2008；钱忠好，2002；李谷成等，2010；游和远，2014）。农地产权通过农地流转作用于生产效率的研究主要有两个方面的观点：一方面，地权稳定可以通过激励农业生产、降低交易费用、提高交易价格、促进农村要素市场联动对农户农地流转产生不确定影响。一是激励农业生产。强化地权保障农地使用权排他、交易自由化和收益权独享，进而对农户农业生产经营产生极大的激励。这将促使农户倾向于增加农地转入并减少农地转出。二是降低交易费用。农地确权依据《中华人民共和国物权法》对承包地实行统一登记并颁发证书，使农户的农地承包经营权超越了村庄熟人圈子而得到更加广泛的社会认同。这有助于减少农地交易双方的信息不对称性，从而降低农地流转的交易费用，并促进农户农地流转。三是提高交易价格。农地确权可能会强化农地的情感价值和保障价值。这不但没有弱化农户对农地的控制权偏好，反而强化其禀赋效应，从而提高农户的意愿交易价格并减少农地流转（胡新艳、罗必良，2016）。四是促进农村要素市场联动。农地确权不仅有助于强化地权安全性，促使农户安心地外出务工并转出农地，而且能够通过赋予农地经营权抵押和担保权能，激励农户通过扩大农地经营规模提高信贷可得性（付江涛等，2016）。另一方面，农地流转有助于提高农业生产效率。一是提高资源配置效率。

农地流转促使农地资源从农业经营效率较低、想退出农业生产活动以及希望获取农地流转租金的农地承包户手中流向农业经营效率更高的承租者手中，从而优化农地资源配置（陈江龙等，2003）。二是促进土地集中并形成农地适度规模经营。通过农地流转形成农地规模经营，不仅有助于农户获取潜在的规模效应以降低农业生产成本和市场交易费用，而且有利于农户引进更先进的农业机械、技术和管理手段，还促使农户调整农业生产结构，从而提高生产要素的配置效率（钱龙、洪名勇，2016）。同时，超过一定阈值的农地经营规模有助于提高农户通过经营权抵押的信贷可得性，进而强化其农业投资能力。三是产生农业投资激励。依据前述，农户在未来可以更加自由地变现农业资产（地权的交易收益效应），将促使其更加放心地进行现期的农业生产投资。但是也有研究指出，土地流转对象向农业生产"能人"的转移并非常态，规模化实现主要发生在亲友邻居间，小农置换小农的同质化替代在形成规模化经营的同时并未实现"能人"种地，生产效率也并未发生本质变化（邹宝玲、罗必良，2019）。

在国内研究农地产权对农村劳动力非农转移的研究中，秦伟平和李豫新（2007）除分析了一般影响劳动力非农转移的因素外，还特别强调了制度变迁的作用。他们认为，制度作为控制变量会使推拉因素的综合作用力扩大或缩小。宁建华（2008）通过研究我国农村农地产权制度变迁与农村劳动力非农转移的相关性发现，在"强制性"制度变迁下，农村劳动力流动受阻，城镇化水平也较低；在"诱致性"制度变迁下，农村劳动力转移则呈现激活状态，也充分说明了农地产权制度是决定农村劳动力转移的主要因素。刘晓宇和张林秀（2008）则利用计量方法分析了农村劳动力非农转移的影响因素，结果显示，稳定的农地产权可以有效地保持和推进农村劳动力的非农转移。仇童伟和罗必良（2017）发现，农地调整所内含的产权不稳定并不会抑制农村劳动力的非农转移，而且在劳动力流动性增强的背景下，通过改变种植结构和非农就业类型，农地调整所内含的产权不稳定得到了有效化解。国外学者认为，安全的农地产权可有效降低土地征收的风险，从而有效激励了农村劳动力非农转移的动机（Mullan et al.，2011）。Janvry 等（2015）发现，正式的土地法律文书可以有效促进墨西哥农民向美国转移，Brauw 和 Mueller（2011）则发现，提高农地转让权正向激励了埃塞俄比亚农民的非农转移。在对中国地区的研究方面，1995—2002 年的两项 4 省份调查研究和 2002 年 22 省份的农村调查分别发现，由于受到村庄经常性农地调整的影响，不安全的农地产权对农村劳动力的非农转移具有显著的负面影响（Giles and Mu，2014）。另一项于 2003—2005 年在贵州和宁夏地区进行的数据调查发现，当土地流转权利完善时，安全的农地产权有助于激励农村劳动力的非农转移。相反，受限制的土地租赁市场则会抑制农村劳动力的非农转移（Valsecchi，2014）。此外，相关学者还发现，相对稳定的农地产权不仅可以降低土地征收的可能性，还可以有效促进土地租赁市场的发育（Holden and Bez-abih，2006；Deiniger et al.，2011），而农地产权的收入效应很可能因此导致更多农村剩余劳动力的非农转移（Ma et al.，2013；Ma et al.，2016）。与上述研究不同的是，Mullan 等（2011）认为，农地产权安全性的提高降低了土地征收风险，由此导致农户家庭倾向于保有更多的土地，而这需要更多的农业劳动力投入，因此，农地产权安全性的提高在一定程度上会抑制农村劳动力的非农转移。

目前关于农村劳动力非农转移对农业生产绩效的影响，学界并未达成一致意见（林本喜、邓衡山，2012）。盖庆恩等（2014）均认为农村劳动力的非农转移会使农业中出现劳动力弱质化和规模不足，农业的生产发展将受到严重影响。杜鑫（2013）的研究则表明，农业劳动力的非农转移会降低农户对农业的生产性投资。在此基础上，钱龙和洪名勇（2016）通过考察农户非农就业、土地流转与农业生产效率的关系发现，劳动力的非农转移并不利于劳动生产率和土地产出率的提高。此外，Damon（2010）对萨尔瓦多的研究也表明，农户家庭劳动力的非农转移显著降低了其劳动生产率和农地产出率。而且农村劳动力的非农转移会通过激励农户转出农地，进而降低农业生产绩效（冒佩华、徐骥，2015）。但贺振华（2003）、陈海磊等（2014）均认为，农地流转是否会造成农业生产绩效的改变，仍缺乏足够的证据。

对于农村劳动力非农转移是否必然导致农业生产绩效的下降，国内外学者对上述研究的发现也给出了不一致的看法。例如，Azam 和 Gubert（2005）对非洲地区的研究显示，农户家庭劳动力的非农转移并未显著改变农地的产出率。Chavas 等（2005）对冈比亚地区的研究则表明家庭劳动力的非农就业并未显著影响农业生产绩效。此外，Wang 等（2014）对中国地区的研究也发现，农村劳动力的非农转移对农业生产绩效的影响没有通过显著性检验。而李明艳（2009）对中国的研究甚至发现，农村劳动力的非农转移可以稳健地提高农地产出率，Taylor 等（2010）对墨西哥地区的研究结论支持了她的发现。对于农村劳动力非农转移并不会导致农业生产绩效下降的原因，一方面，郭剑雄（2012）、何炼成（2013）均认为农业劳动力的择优性转移会促使他们进行人力资本投资，并实现人力资本积累的动态增长，并在人力资本农业投资收益率提高的过程中优化了农业劳动力素质，塑造了新型农业经营主体，进而改善了农业生产效率；另一方面，徐建国和张勋（2016）从农业部门和非农行业联动发展的角度发现，农业劳动力转移在促进非农行业发展的同时，也会激励农业技术进步，提高农业生产率。此外，王溪薇（2007）、杨志海等（2016）的研究也都表明，农村劳动力的非农转移确实提高了农业生产效率。

从已有研究来看，农村劳动力非农转移到底会如何影响农业生产绩效并没有形成一致观点。一方面，源于各地区农业经营特征的差异；另一方面，以往研究往往忽视了劳动力非农转移对农业生产绩效的影响，不仅涉及家庭农业劳动力的投入问题，也需要重视劳动力非农转移过程中的农业社会化服务的发展，以及其对农业劳动要素的替代机制。在罗必良（2016）看来，当前农业生产要素的非农配置构成了对劳动替代性社会化服务的潜在需求。而农村劳动力的非农转移也使农户更倾向于使用机械替代劳动（钟甫宁等，2016），这或许是以往研究在模型构建中所忽视的重要约束条件。

而目前关于农地产权与农业分工相关性的研究相对较少。罗必良（2016）借助全国9省（区）农户调查资料，在构建农地"集体所有、家庭承包、管住用途、产权细分、多元经营、分工深化"分析框架的基础上，从理论和实证两个层面解读了农地产权结构的细分促进农业分工深化的重要动力。胡新艳等（2015）则通过构建"产权、合约、分工"的分析框架，分析了农地产权结构的细分是如何将产权赋予拥有最佳资源利用能力的行为主体，或能以较低成本获得/生产它们的人，进而提升资源配置效率，并获得农业的外部分工经济与规模经济。如果不考虑单纯的农地产权结构细分与农业生产环节的分工特性，那么在仇童伟和罗必良（2017）关于农地产权与农业种植结构调整和劳动力非农转移的分析中，就已经阐述了地权结构的细分为何更容易促进粮食生产中机械的使用，这本身就是农业分工深化的重要体现。从这个角度来看，王志刚等（2011）的研究表明，家庭农业劳动力规模不利于水稻的劳动密集型环节的外包。换言之，随着农地产权结构的细分，农村劳动力的非农转移将有助于水稻生产环节的分工。申红芳等（2015）的研究发现，水稻的劳动密集型生产环节的外包符合需求价格理论。很显然，如果没有农地产权管制的放松，要素和服务市场的供需根本不可能实现匹配，甚至连最起码的供需信息都无法披露。此外，陈思羽和李尚蒲（2014）、张燕媛和张忠军（2016）、展进涛等（2016）关于农业生产环节外包的分析大多也是从要素配置和要素禀赋特征着手的，而这些影响最终也是通过地权结构细分发挥效力的。李宁等（2019）的研究证明了新一轮农地确权通过对农地经营权的进一步细分和明晰，降低了纵向分工的交易费用，进而促进农户对农业机械外包方式的选择。

第四节 文献简评

针对农户的农业生产效率，现有的研究都充分认识到了农地产权和要素配置的重要性：一方面，强调了农地产权明晰与稳定以及强化农民产权安全感知的重要性；另一方面，强调了"能人"种地和农机社会化服务对农户农业生产效率提升的重要性。仅从农地确权政策实施的角度来看，现有研究同时也发现，全球范围内，农地确权并没有实践一致地表现出对农户农业生产效率的提升作用。部分学者的研究为此提供了经验证据，但未对此现象进行学理性的剖析。

通过梳理相关文献发现，农地确权会如何影响农户的农业生产效率，与其实施的具体情境密切相关，其中，农户的产权安全感知和要素配置与经营主体不匹配两个约束条件尤为关键。

第一，已有文献注意到，农户的产权安全性感知是农户农业生产效率提升的一个重要前提，因此，部分文献开始关注农地调整经历是否会影响到农地确权对农业生产效率的影响。然而，在以往的研究中，叶剑平等（2006）、黄季焜等（2008）以及林文声等（2018）的研究，均先验地将农地调整视为产权不安全的表现，由于将调整经历刻画为农户的产权安全感知，从而判断为无农地调整经历的农户的地权安全性感知最高，这部分农户将是农地确权政策响应中最具潜在效率的群体，且随着调整程度的加深，确权效率同步下降，呈现线性变化的趋势。但他们忽视了农民的行为并不是独立选择的，而是嵌入社会网络从而受到周围群体信念、价值观及其认知的影响，这意味着，单一地从地权安全感知视角讨论农地确权的经济绩效，可能导致研究结论的不一致。

第二，部分文献注意到农地确权会通过影响要素配置影响农业生产效率，但鲜有文献从农业经营主体和要素匹配度的角度观察农地确权对农户农业生产效率的影响。也少有文献捕捉到农机社会化服务对普通农户家庭农业劳动力的替代作用，从而减弱由经营主体的不匹配所诱发的效率损失。

综上所述，本书从以下两点进行拓展：第一，转变分析视角，将农地调整和农地确权视为国家自上而下的"约束机制"和"补偿机制"，分析调整经历在农地确权效率影响中的作用，阐释农地确权诱发农户农业生产效率耗散的产权逻辑。第二，分析经营对象和农机服务在农地确权对农户农业生产效率影响中的作用，考察农地确权如何影响农户农业生产效率及面临的要素配置约束。

第 三 章

农地确权、情境约束与农业
生产效率：理论分析

第一节　农地确权影响农户农业
生产效率的两个约束

　　农地产权制度与农户农业生产效率之间的关系一直受到学术界的高度关注（姚洋，2008；Kung and Bai，2011），但是已有研究并未形成一致的定论。经典产权理论认为，产权的主体是明晰的，所拥有的产权可以自由地进行交易，并且能够合理保护产权交易收益，因此产权主体可以有效地实现资源配置绩效的最大化（Alchian，1965）。如此立论主要是基于两个基本依据：一是产权激励。产权稳定和明晰形成的产权安全效应，使农民保有稳定的经营预期并进行长期的经营行为，激励农民的农业生产积极性（North and Thomas，1973；罗必良，2019）。二是合理化要素配置。稳定农地产权将有利于活跃农村要素市场，促进农地从低效率农户转向生产效率高的经营主体（Holden et al.，2007），实现规模经济与"能人"种地的双重效益。

　　作为理论的政策响应，自改革开放以来，我国在政策层面不断要求强化农地产权的稳定性。2009 年开始试点并于 2013 年全面推进的农村土地承包经营权确权登记颁证政策,历经十余年的努力,一直被人们视为维护地权稳定与产权安全最为重要的制度安排。事实上,无论是理论共识还是政策预期,都试图通过"增人不增地,减人不减地"的农民土地权利固化和土地承包权"四至"的空间划定,强化土地排他性,稳定农户预期,诱导农民的长期投资与生产行为,优化资源配置,实现农户农业生产效率的改善。然而,理论与政策导向并不一定得到实践的一致性响应。同样的农地确权政策在不同的国家、不同的实施情境中呈现了绩效差异。进一步地,在农地确权政策逐步开展和实施之后,我国农村的农地经营和要素流动情况发生了不同程度的变化。西南财经大学中国家庭金融调查与研究中心发布的中国家庭金融调查(China Household Finance Survey,CHFS)的数据显示,2011 年和 2013 年中国分别有 13.50% 和 15.00% 的农地是闲置的。浙江大学中国农村家庭追踪调查(China Rural Household Panel Survey,CRHPS)和中山大学社会科学调查中心发布的中国劳动力动态调查(China Labor - force Dynamics Survey,CLDS)的数据也显示,2017 年撂荒农户比重为 12.38%,户均 7.20% 的承包地撂荒。2014 年、2016 年和 2018 年中国存在撂荒现象的村庄比重分别为 35.45%、35.11% 和 28.88%,1/3 的村庄都出现耕地撂荒的现象。而且,村庄平均撂荒率分别达到 4.24%、4.72% 和 3.20%。2014 年、2016 年和 2018 年中国撂荒农户比重为分别达到 13.73%、13.79% 和 9.89%,户均撂荒耕地比重分别为 9.05%、8.86% 和 7.12%。这些证据表明,中国农村土地的利用率较低,甚至依然存在不小规模的农地撂荒现象(见图 3 - 1、图 3 - 2)。

从产权激励的视角来看,一方面,Markussen(2008)对柬埔寨的研究、Newman 等(2015)对越南的研究以及林文声等(2018)对中国农村的实证研究均发现,农地确权能够显著提升农户农业生产效率;另一方面,Jacoby 和 Minten(2007)对马达加斯加的研究、

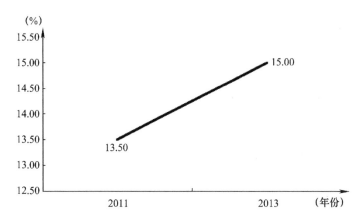

图 3-1　中国农村土地闲置占比

资料来源：西南财经大学中国家庭金融调查与研究中心发布的中国家庭金融调查。

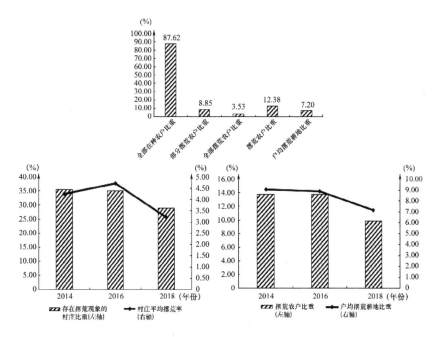

图 3-2　中国农村土地撂荒情况

资料来源：浙江大学 2017 年中国农村家庭追踪调查和中山大学社会科学调查中心发布的 2014—2018 年中国劳动力动态调查。

Hombrados 等（2015）对坦桑尼亚以及耿鹏鹏（2020）对中国农村的研究结果表明，农地确权对农户农业生产效率的提高并不发挥显著作用。同样是明晰产权的农地确权政策，为何对农业生产效率的影响具有显著差异？主流文献的解释可以归结为地权安全性假说：Markussen（2008）、Melesse 和 Bulte（2015）的研究表明，农地确权可以显著强化那些原有地权安全性较低村庄的农地产权稳定性与安全性，促进农业生产效率的提高。然而，林文声等（2018）认为，前期的农地调整会降低农户对农地产权安全性的感知，并导致农户对后期确权政策的不信任，削弱其稳定性预期，形成部分确权效率损失。Feder 和 Onchan（1987）对泰国村庄的研究结果支持了这一观点。上述研究表明，原有地权的安全性以及农户由此形成的"记忆"，会对农地确权的经济绩效及其行为响应产生重要影响。通过统计数据也发现，经历过不同程度土地调整的确权农户的产权安全感知和农业生产积极性均具有明显的差异（见图 3-3、图 3-4），从而表明农地确权对农户农业生产效率的影响具有历史情境的依赖性，集中表达为农户农业生产效率实现的产权逻辑。

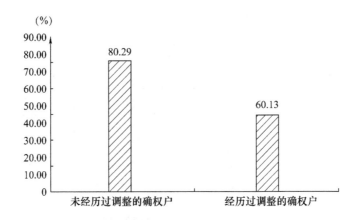

图 3-3 不同调整经历的确权农户的产地权安全感知

资料来源：2015 年全国 9 省份 2704 个农户的调查数据。

从要素配置角度来看，中国强化地权、长期稳定地权的政策期

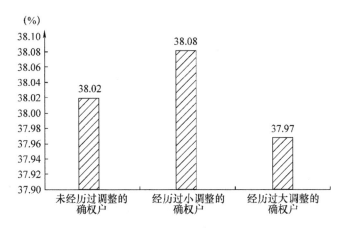

图 3 - 4　不同调整经历的确权农户的农业生产积极性

资料来源：2015 年全国 9 省份 2704 个农户的调查数据。

许在土地流转方面也表现出一些新的变化。2006 年以来，中国的农地流转率虽持续增加，但年际增长率从 2009 年开始出现大幅下滑。而且，在中国农地流转市场中，土地向农业生产"能人"的转移并非常态，中国农地经营规模化实现有大量交易发生在亲友邻居间，小农置换小农的同质化替代在形成规模化经营的同时并未实现"能人"种地（见图 3 - 5、图 3 - 6），生产效率也并未发生本质变化（邹宝玲、罗必良，2019）。

　　叶剑平等（2010）对中国 17 个省份的调查表明，2008 年农户转出的农地中，高达 79.20% 转给了同村亲戚或村民，但农户转入土地有 87.20% 来自同村亲戚或村民。Gao 等（2012）研究发现，农地租赁主要发生在亲戚、朋友、邻居等熟人之间。罗必良等（2015）利用全国 26 个省份农户调查数据的分析表明，将农地流转给亲友邻居、普通农户和其他主体的农户比例分别为 66.01%、21.18% 和 12.81%。2015 年中国家庭金融调查的 29 个省份数据显示，仍有 70.90% 的转出户和 89.60% 的转入户的交易是与亲友或小农户发生的，农地并未实现向种植大户、专业大户或专业种植机构等的流转。

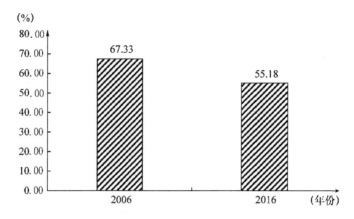

图3-5　农村熟人流转土地面积占比

资料来源：农业农村部经管司《中国农村经营管理统计年报》。

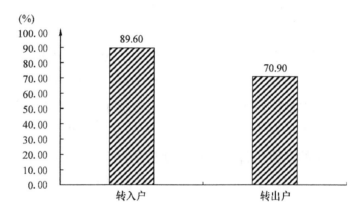

图3-6　农地流转对象为亲友或小农户的农户占比

资料来源：2015年中国家庭金融调查。

截至2017年年底，全国土地流转面积已达到家庭承包耕地总面积的
35.00%，但实际发生的农地流转大多并非由价格诱导的市场型流
转，而是"村落里的熟人"间的关系型流转。发生于亲友邻居、其
他普通农户之间的农地流转占全部农地流转合约的比例高达88.48%
（罗必良，2017）。2018年中国劳动力动态调查的数据显示，中国农
村村庄内有平均10.30%的农地转给了亲戚或熟人。农地关系型流转
的趋向性诱发的"小农格局"，严重制约了农地流转制度红利的释放

（朱文珏、罗必良，2020）。可以认为，在主推农地流转的背景下，小农依然是中国主要的农业经营主体（见表3-1）。

表3-1　　　　　　　　**农户经营耕地规模的占比**　　　　　　单位:%

经营耕地规模	1996 年占比	2011 年占比	2015 年占比	2019 年占比
10 亩*以下	76.00	86.00	85.74	85.20
10—30 亩	20.20	10.70	10.33	10.70
30—50 亩	2.30	2.30	2.60	2.50
50 亩以上	1.50	1.00	1.33	1.60

注：*1 亩≈666.67 平方米。

资料来源：1996 年数据源于全国农村固定观察点农户调查数据，其他数据来源于农业部经管司编发的《全国农村经营管理统计资料》（2011 年、2015 年）和农业农村部政策与改革司编发的《中国农村政策与改革统计年报》（2019 年）。

与此同时，农村劳动力的非农转移致使务农劳动力呈现老龄化、弱质化等趋势。2016 年中国劳动力动态调查的数据显示，农村劳动力中从事务农职业的劳动力平均年龄为 52.86 岁，其中初中及以下受教育水平的劳动力占比为 91.82%，小学及以下受教育水平的劳动力占比为 60.49%。《农民工监测调查报告》的数据显示，大专及以上学历农民工占比逐年上升，从 2016 年的 9.40% 上升到 2020 年的 12.20%。不同的农户家庭具备不同的农业生产与非农就业的比较优势，家庭内部不同劳动力之间同样存在留村务农与外出务工的比较优势。农地确权加速分离了不同比较优势的劳动力分工，加剧了农户在不同比较优势之间作出选择，具有外出务工比较优势的劳动力将进行非农转移，这部分劳动力由学历较高、年龄结构较小的劳动力组成，地权稳定性增强促使其转出土地、外出务工甚至逐步退出农业生产，这部分劳动力的非农转移也带走了农村劳动力中学习能力最强的精壮部分，致使先进的经营管理知识更加难以应用到农村农地经营中，导致农户的农业生产效率出现耗散现象。规模化实现与经营对象的错配，对农地生产要素的合理配置产生了负面作用，从而实际形成效率的损失。研究表明，农地确权对农户农业生产效率的影响具有现实情境的依赖性，集中表达为农户农业生产效率实现的要素配置逻辑。

由此表明，农地确权对农户农业生产效率的影响存在两个依据，实际上就面临两个约束，集中表达为农地确权效率影响的产权逻辑和要素配置逻辑。然而，稳定产权明确农民生产预期的理论因受农地调整经历的影响而出现了不一致的问题。适度规模经营和能人种地的政策预期面临熟人流转且小农经营格局的现实。两大依据均未实现，那么，农地确权还会带来农户农业生产效率的提高吗？农地确权效率如何受到两个约束的影响？显然，从农业发展特别是农户的农业生产效率来说，农地确权既可能是"福音"，也可能是"诅咒"。其中，由地权稳定性所决定的产权安全性约束和要素配置合理性所决定的要素配置匹配度约束，是决定农地确权能否释放农户农业生产效率提高制度红利的两个关键性因素（见图 3 - 7）。

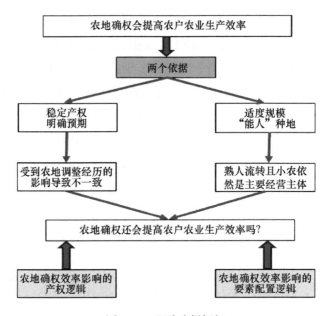

图 3 - 7　理论分析框架

第二节　农地调整经历：农地确权效率影响的历史情境

一　农地确权效率的决定机理：理论线索

产权经济学认为，产权的实质是明确界定主体财产权属关系及主体间权责关系，使产权主体能够最大限度地在产权约束范围内配置资源以获取最大收益（Alchian，1965）。与这一思想吻合，不断强化农民土地产权是中国政府土地政策的基本线索。新一轮农地确权的本质是产权界定，其不仅表达为农户承包地块的"四至"明晰化，还表达为产权主体权属的法律确立及其社区博弈。明晰的赋权是重要的，但产权界定的行为响应往往具有历史继承性。罗必良（2020）指出，制度变迁及其绩效与制度遗产、环境条件以及个人偏好等因素有关，因而具有情境依赖性。

实际上，土地产权的历史情境是一个动态的过程。改革开放以来，农村土地制度改革不断加强对农民土地承包经营权的保护，但土地承包关系依然不够稳定，农地调整仍普遍发生（陈锡文，2009）。新一轮农地确权是在农地调整情境中实施的，势必受到其影响和制约。此外，行为主体的"记忆"将通过条件反射形成对当前行为的指导（弗洛伊德，1986）。显然，确权政策并不能独立发挥作用，它与产权主体过往的产权调整经历紧密关联。

众所周知，在中国农村，土地集体所有的制度框架决定了均分的必然性，由此，农地调整成为农村普遍发生的现象。实际上，中国人地矛盾的基本国情决定了"均分"的土地分配方式能最大限度获取农民的政治拥护，同时，国家强制的无偿赋权使国家力量向农村渗透并借助农地调整而得以维护农村的稳定。显然，维护公平的土地调整隐含着地权由国家机器创造而非市场决定的基本事实。因此，农地调整看似是人地关系发生变化后对要素分配不平等的响应，其背后实则是维护社会的稳定。诺斯的国家模型指出，国家通常是以一组服务即保护与公平做交换以获取"租金"最大化和社会产出最大化。但"租金"最大化的产权结构与降低交易费用、促进经济增长的社会产出最大化的体制之间存在着持久冲突。诺斯认为，这一冲突也是一套无效率产权制度存在的根源。因此，低效的农地调整，表面上是国家自上而下赋予基层政府（村集体）基于人地关系变化而改善地权公平的产权界定与处置权，但从诺斯的国家理论视角来看，地权调整本质上更多地表达为保障国家税收与社会产出的一种"约束机制"，特别是在中国农业税尚未取消时期，农地调整对完成国家的产量目标及农业税收具有重要的保障作用。农地调整"约束机制"在本质上是一种通过产权管制，"删除"部分产权权属，限制行为主体权能，防范、纠正和内部约束农民的消极经营行为，并激发农民生产性努力的负激励机制①，即给予农户一定的农地使用权和部分的剩余索取权（姚洋，1998），诱导农户在不确定的农地调整周期内积极改善农业经营管理水平，优化生产要素使用效率，否则农户将付出相应的机会成本甚至失去土地。洪炜杰和罗必良（2019）的研究证明，通过农地调整重新分配承包地，往往成为村集体激励或威胁农户配合完成国家或上级政府交付的各种政治经济任务的一种手段。如果家庭投入农业的劳动力过少或者经营绩效过低，农户将面临农地调整中其承包地减少的风险。不过，中国 2006 年全面取消农业税，极大弱化了农地调整"约束机制"的内在激励。由此，农业税的取消、农地确权制度的实施，可以视为中国农地产权制度从"约束机制"走向"补偿机制"的制度变迁。

借助巴泽尔的产权"公共领域"理论，本部分更加具体地阐释农地调整"约束机制"所生成的激励效果。巴泽尔（1997）认为，

---

① 虽然农地调整已被普遍认为是农业生产综合效率损失的重要诱因，但长期存在的农地调整作为产权反向激励和内部约束的作用依然不容忽视，即农地调整将促进农户改善农业经营管理水平，改善农业生产纯技术效率。

土地所有者①要求收益最大化的同时却并未完全行使权利，致使部分权利流入"公共领域"，而土地的使用者将积极攫取这部分权利的租值。换言之，农地调整的"约束机制"并未明晰界定农地产权边界，"公共域"租金将成为承包户竞相争夺的资源。显然，农地无调整、小调整和大调整等不同的调整方式隐含着不同的"约束"程度和租金收益分配格局。考虑到农户的非同质性，不同的"约束"程度对农户所形成的激励效果具有差异性。

　　事实上，具有国家制造属性的"约束机制"内含产权弱化的机制。总体来说，频繁的农地调整使农民丧失了土地的长期使用权（姚洋，1998），并遭受不同程度的租金耗散。此外，经典文献早就注意到产权强弱对产权主体行为能力的影响。例如，Alchian 和 Kessel（1962）所强调的产权限制、德姆塞茨所强调的产权残缺，均可表达为埃格特森所说的产权弱化。而农地调整"约束机制"对部分产权权属的"删除"、对权能的限制或削弱均会造成农户不同程度的权益损失。中国政府通过产权强化"归还"农民被"删除"的产权权属，减少或放松对产权权能的限制。这也赋予农地确权以还权"补偿"的含义。这一"补偿机制"② 一方面缩小了"公共领域"范围，并弱化农地承包者攫取租金的机会主义冲动；另一方面赋予农户更加充分的农地剩余索取权，以实现"公共领域"租金补偿向赋权补偿的转变。Hart（1995）基于不完全合同理论提出了"剩余

---

　　① 　在中国国情下，可将其视为基层政府（或村集体经济组织）。一般来说，村委会是农地调整的决策者和组织者，它的权力基础是人民公社时期所形成的国家政治权力的延续，这既符合"农村土地集体所有"的法理解释与土地保障的"生存伦理"原则，又体现出国家主导下制度变迁的路径依赖特征。

　　② 　"约束机制"与"补偿机制"源于 Spence 和 Taylor（1967）提出的诱因动机（Incentive Motivation）理论。该理论认为奖励（或惩罚）是通过诱因动机作用而对反应发生影响的。不同的是，农地调整内含对部分产权权属的"删除"、对行为主体权能的限制或约束，而农地确权具有"归还"在地权不稳定时被"删除"的产权权属、减少或放松对产权权能限制的"还权"含义，本书将农地调整定义为"约束机制"，将农地确权定义为"补偿机制"。

权利"，从所有者行为能力的角度印证了这一解释。农地确权"补偿机制"的特点在于，无论是否曾因"约束机制"而遭受损失，农户都将获取同质的农地产权尤其是剩余索取权"补偿"①。由此，农户在农地调整中遭受"约束"的程度是不同的，但通过农地确权获取的"补偿"是同质的。人们的行为因奖惩机制而得到强化或削弱，进而形成不同预期，这或许是确权政策所诱发的行为响应与绩效差异的根源。

新一轮农地确权，大体形成"约束"与"补偿"平衡或失衡的两种状态和三类群体。第一，平衡状态下的一类群体：经历过农地小调整"约束机制"而利益受损的农户将获取相应"失而复得"的确权"补偿"。第二，失衡状态下的两类群体：其一，未经历农地调整"约束机制"的农户获取"唾手可得"的确权"补偿"；其二，经历过农地大调整"约束机制"而利益受损较为严重的农户获取"得不偿失"的确权"补偿"。基于此，本书的基本推断是，在农地调整"约束机制"中，未经历调整、经历小调整和大调整的农户的家庭损失程度不同，进而引发农户不同的确权"补偿"诉求。鉴于农地确权是公平赋权，"约束"和"补偿"的平衡与失衡状态将引发农户对农地确权政策的差异化行为响应。

图3-8所示的几何模型描述了农地调整"约束机制"与农地确权"补偿机制"的平衡与失衡状态。其中，横轴 L 表示农地调整经历所形成的家庭利益损失，纵轴 M 表示地权"补偿"。M^* 为农户在农地调整"约束机制"中家庭租值耗散最为严重时（完全的失地）的地权"补偿"诉求，也可视为产权不稳定时能够从"公共领域"攫取的最大租金补偿。L_1 和 L_2 分别表示经历农地小调整和大调整"约束"所形成的家庭损失。M_2 表示随着农户经历农地调整程度的加

---

① 中国的农地确权大多是根据第二轮承包的发包土地进行"四至"确权的，而第二轮农村土地家庭承包往往是第一轮土地承包关系的延续。因此，农地确权及其产权界定具有农村集体初始成员权的认可性质。

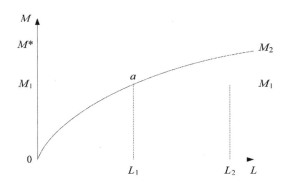

图 3 - 8　"约束机制"与"补偿机制"的平衡与失衡

深所需"补偿"的变化趋势。在产权尚未明确界定时，农户会通过攫取"公共领域"租金弥补家庭损失，这种动力随着农地调整程度的增大而得以强化。确权政策以产权补偿替换"公共领域"租值补偿，作为正式制度安排的农地确权政策赋予农户的却是同质的 M_1，即 M_1 为无差异的农地赋权"补偿"线。当 $L = 0$ 时，农户未经历过农地调整的"约束"而"唾手可得"地获得了 M_1 的地权补偿。介于（O, L_1]时，$M_1 \geqslant M_2$，产权赋予的"补偿"M_1 将完全弥补农地小调整家庭的损失，并在点 a 处实现"约束"与"补偿"的均衡。介于（L_1, L_2]时，$M_1 < M_2$，农地确权赋予农户无差异的地权"补偿"无法弥补经历农地大调整的农户所遭受的损失，形成了"得不偿失"的状态。

二　农地确权对效率的影响：两类调整情形的讨论

（1）农地确权、"失而复得"的行为响应与经济效率。农地产权的运行受到制度环境的约束，具有国家意志的"约束机制"也赋予农地调整特殊的制度含义。但国家意图的植入隐含着农户农地产权残缺的基本事实。通过农地确权，农户将获得"失而复得"的较为充分的剩余索取权。

然而，农民对农地确权的行为响应具有情境依赖性，其中，农地调整经历尤为重要。一方面，历史经验会诱导行为主体形成关于事件相关概念的先验认知（Fiske and Taylor, 1991）。显然，农地调整的过往经历作为"事实因素"，会以惯例方式给农户留下记忆。另一方面，行为主体对事件的评估往往会寻求当前信息与先验认知的内在一致性，当事件冲击较大时，即使具有先验态度，行为主体也会调整自我认知（Lavine et al., 1998）。所以，对于在"约束机制"中损失较小的农地小调整农户而言，农地确权政策完全可以弥补家庭损失，从而强化对确权政策的信任，并在"补偿"激励下改善农业经营绩效。反之，行为主体面临效力较弱的证据且与先验认知不一致时，将更加坚定先验态度（McGuire, 1964）。对于经历农地大调整的农户而言，失地"约束"的强烈先验认知与农地确权的赋权"补偿"依然处于权益失衡状态，从而难以诱导农户改善其生产性努力。

更为重要的是，农地产权的"失而复得"可进一步细分为两种情形。从逻辑上说，不同调整经历的农户会对"所失几何"与"所得几何"进行心理衡量。农地小调整农户的损失较小，从农地调整到确权的"失之东隅，收之桑榆"，将激励农户优化农业生产要素配置结构，提高纯技术效率。经历过农地大调整并损失较大的农户，农地产权虽然"失而复得"，但实际上是"得不偿失"，由此，经历了农地大调整的确权农户并不具有充分的农业生产积极性。Becker（1974）指出，人的效用不仅取决于自己得到的绝对价值，周围群体获得的收益也会直接影响其主观效用。这意味着，经历过农地大调整的确权农户，将在与无调整经历和小调整经历确权农户的互动中，因邻里间损失不同但补偿相同而引发"心理失衡""眼红"，从而诱发机会主义行为和道德风险。可以推断，同质的赋权强度和范围并不能完全弥合农户在农地大调整中的损失，也就无法形成农业生产的激励作用。事实上，虽然产权安全感知无法逻辑一致地解释农地无调整农户的效率表现，但契合大调整农户的行为逻辑。经历过大调整的农户难以形成对确权政策的信任，无法形成长期稳定的经营预期将挫伤农户改善农业经营管理水平的积极性。

（2）农地确权、"唾手可得"的行为响应与经济效率。农地调整"约束机制"内含的对部分产权权属的"删除"、对行为主体权能的限制或削弱，均赋予了农地确权"补偿机制"的含义。所不同的是，农地无调整农户的地权权能未被限制和削弱过，这类农户未经历土地产权争夺但依然获取确权"补偿"，实质上形成了"唾手可得"的农地产权。Heider（1982）指出，先验认知的缺失决定了当前事件并不会给行为主体带来认知失调和紧张感。那么，从调整走向稳定的产权制度安排，并不能对农地无调整的农户形成事实上的安全强化和生产积极性的激励。对于未经历过农地调整的农户而言，农地确权之后所获取的"唾手可得"的地权并没有相应"约束机制"的制约，基层政府（村集体）作为"裁判员"的地位逐渐弱化。"激励—约束"机制的失衡可能导致农户生产性努力的下降并诱发效率耗散。

精神分析学理论验证了这一逻辑。弗洛伊德（1986）认为，本能发泄形成的内驱力与思想和现实形成的阻力持续对抗，促使人们进行妥协性选择，较低妥协性（较易获取）的事物将弱化行为主体本能发泄的内驱力，导致主体难以捕获更多资源和珍惜已获取的资源。未遭受农地调整损失而获取"唾手可得"的剩余控制权，将弱化农户对农地的重视程度，也无法形成较强的生产激励。一般来说，相对于收益，人们在衡量损失时会产生更强烈的感受（Knetsch，2010）。换言之，在"约束机制"中遭受损失的农户对地权具有更强烈的感受，而"唾手可得"获取的农地并不会给农户带来更高的土地价值评价。这意味着"唾手可得"很难被珍惜，行为主体并不具有改善生产积极性的内驱力，甚至农地"低价值"的心理定位将诱发"持有型懈怠"，造成农业生产技术效率损失。

事实上，产权理论也认为，界定产权的目标是界定不同主体的行为边界以对行为主体加以约束（Furubotn and Pejovich，1972）。这还与哈耶克（1999）关于秩序的界定类似，秩序本质上就是赋予主体一系列的自由边界，缺乏规则约束的秩序将无法实现收益最大化。换言之，"激励—约束"相匹配的制衡机制将是提高农地确权经济绩效的重要前提。

三　机理分析及研究假说

（1）基准模型。为了分析农户农地调整经历对确权政策效率的影响，本部分借鉴 Besley 和 Ghatak（2010）的模型进行说明。首先设置一个单一农户的农业生产模型。假设不存在市场或任何形式的交换。在该模型中，农户投入的生产努力为 $e \in [0,1]$，且农户的禀赋极限为 $\bar{e} \leq 1$。这将产生生产绩效 A 或者 0，其概率分别为 $\sqrt{e}$ 和 $1 - \sqrt{e}$，从而可以得到预期的生产绩效 y：

$$y = A\sqrt{e} \qquad (3-1)$$

在这一简单的基准模型中，农户只需选择其最佳投入的 e 值。假设农民的效用函数在消费 c 和休闲 l 上是线性的，且不考虑收入的影响与风险规避，则农户的效应函数可表达为

$$u(c,l) = c + l \qquad (3-2)$$

假设农地产权安全受到农地调整影响，即受到失地"约束机制"形成的先验认知的影响，可将这种失地"约束"的先验认知等同于农地调整的风险纳入模型。假设存在农地调整的概率 $\tau \in (0,1]$，这里并未将 $\tau = 0$ 的可能性考虑在内。那么，预期消费 $c = (1 - \tau)A\sqrt{e}$。农民选择 c 以实现效用最大化，表示为

$$(1 - \tau)A\sqrt{e} + \bar{e} - e \qquad (3-3)$$

约束条件为 $e \leq \bar{e}$。对式（3-3）求一阶导可得

$$\frac{(1 - \tau)A}{2\sqrt{e}} = 1 \qquad (3-4)$$

因此，农民的最佳劳动努力投入是

$$e^* = \left[\frac{(1 - \tau)A}{2}\right]^2 \qquad (3-5)$$

相应地，预期总产值 $\gamma(\tau) = [(1 - \tau) A^2]/2$ ，而生产者的净剩余 $\pi(\tau) = [(1 - \tau)A/2]^2$ 。从而可以得出结论：农户的生产性努力和产出绩效随 τ 增大而严格减少。农户经历过的农地调整程度越大，农户付出的农业生产性努力越少，生产效率越低。如果农地从小调整到大调整是连续分布的，那么农业绩效将随着农地调整程度的加深而减小（离散分布也有类似结论）。这一命题与前文理论分析结论是一致的。

进一步讨论农地无调整（ $\tau = 0$ ）的情况，假设农地初始价值是 $\bar{h}$ ，农户的决策问题转化为

$$\max_e A \sqrt{e\bar{h}} + \bar{e} - e \qquad (3-6)$$

求一阶导数可得农户的最佳劳动投入 $e^* = (A\bar{h}/2)^2$ 。可以看到，由于"约束机制"的缺失，"唾手可得"的地权获取将降低农地的心理价值。当 $\bar{h}$ 降低时，农户生产性投入将减少，经济绩效也相应降低。这一命题验证了前文的理论分析结论，对于农地无调整的农户而言，确权实施将损害经济绩效。

应该注意到，前述模型有一个关键假设，即资源禀赋无约束。如果资源禀赋投入是固定的，即 $e^* = \bar{e}$ ，那么总产出为 $A\sqrt{\bar{e}}$ ，生产者的净剩余是 $(1 - \tau)A\sqrt{\bar{e}}$ ，从而得出结论：农户的生产性努力和经济绩效不受 τ 影响。这类似于全职农民家庭，因为并不存在劳动力非农转移，且农地经营规模并未突破家庭劳动力约束，因此形成了家庭内部的劳动力固定投入。此时，由于收入全部源于农地经营，农户对农地依附程度较高，生产性努力并不会受到 τ 影响。

（2）考虑非生产性劳动的模型。基准模型中的农户劳动力仅有生产性努力的含义。对于经历过农地调整的农户而言，"约束"的先验态度使农户并不完全信任确权政策，但投入一定劳动力就会减少失地风险。投入这部分劳动力是为了减小失地风险而非积极改善农业经营管理水平和优化资源配置效率。

区分两种劳动来修改模型，令 e_1 表示生产性努力劳动，e_2 表示降低失地"约束"的劳动投入。失地"约束"的风险可以表示为

$$\tau(1 - \gamma \sqrt{e_2}) \tag{3-7}$$

式中：$\tau \in (0,1]$；$\gamma \in [0,1]$；$e_1 \in [0,1]$；$e_2 \in [0,1]$，e_2 较高，则失地风险较低；γ 为捍卫地权投入的大量精力。农户的决策问题是

$$\max_{e_1,e_2}[1 - \tau(1 - \gamma \sqrt{e_2})]A \sqrt{e_1} + \bar{e} - e_1 - e_2 \tag{3-8}$$

分别对 e_1 和 e_2 求导得出

$$e_1 = \left[\frac{2(1 - \tau)A}{4 - (\tau\gamma A)^2}\right]^2 \tag{3-9}$$

$$e_2 = \left[\frac{\gamma\tau(1 - \tau) A^2}{4 - (\tau\gamma A)^2}\right]^2 \tag{3-10}$$

根据上式可以得出：如果农地产权安全受到农地调整的影响，且资源禀赋无约束，那么农地调整风险的减小将增加农户的生产性努力劳动；存在 $\bar{\tau} \leqslant 1$ 使得只要 $\tau \leqslant \bar{\tau}$，捍卫地权的劳动投入将随着 τ 变大而持续增加；当农地调整风险 τ 较低时，改善产权将提高经济效率，即农业绩效将随着农地调整经历程度的减弱而提高。这一命题与前文的理论分析结论是一致的。当风险为 0 时，即不存在非生产性的劳动，这时将回到基准模型的情况，农地确权政策的实施将导致绩效下降。

当资源禀赋受到约束，即 $(1 - \tau)^2 A^2 (4 + \tau^2 \gamma^2 A^2) / (4 - \tau^2 \gamma^2 A^2)^2 > \bar{e}$ 时，对上式求导可得

$$(1 - \tau + \tau\gamma \sqrt{e_2})A \frac{1}{2 \sqrt{e_1}} = 1 + \lambda \tag{3-11}$$

$$\tau\gamma \frac{1}{2 \sqrt{e_2}}A \sqrt{e_1} = 1 + \lambda \tag{3-12}$$

式中：λ 为与资源约束关联的拉格朗日乘子（劳动力的影子价格）。将上述两个条件与有约束力的劳动力一起作为限制条件，得到以下方程：

$$2\tau\gamma e_2 + (1 - \tau) \sqrt{e_2} - \tau\gamma\bar{e} = 0 \tag{3-13}$$

从而得出

$$e_1 = \bar{e} - \left\{ \frac{1}{4\gamma}\left(1 - \frac{1}{\tau}\right) + \sqrt{\left[\frac{1}{4\gamma}\left(1 - \frac{1}{\tau}\right)\right]^2 + \frac{\bar{e}}{2}} \right\}^2 \quad (3-14)$$

$$e_2 = \left\{ \frac{1}{4\gamma}\left(1 - \frac{1}{\tau}\right) + \sqrt{\left[\frac{1}{4\gamma}\left(1 - \frac{1}{\tau}\right)\right]^2 + \frac{\bar{e}}{2}} \right\}^2 \quad (3-15)$$

e_2 总是随着 τ 变大而增加，而 e_1 总是随着 τ 变大而减小，而且，由于劳动力是受到约束的，增加 e_2 将导致 e_1 减小。这表明，在资源禀赋受到约束时，农地调整风险的增加将导致更多的生产性劳动力转向非生产性的劳动，带来效率损失。

通过以上理论和机理分析，可以得到本书的第一类研究假说。

假说1：农地确权并不一定总会提高农户的农业生产效率，也可能带来农户农业生产效率的部分损失，而农地调整隐含着提高农户农业生产效率的内在机制。

假说2：农地确权对农户农业生产效率的影响受到农户农地调整经历的影响。农户所经历的农地调整，随着调整程度的加大，其对农地确权经济效率的影响并非线性的，而将呈现倒"U"形。

第三节 要素配置效应：农地确权 效率决定的现实情境

一 农地确权、经营对象与农户农业生产效率

农地确权能够带来农业生产要素投入的改变已经成为学界的共识。一种要素投入的改变，需要农户实现与之相匹配的要素配置。例如，农地转入及其要素配置，地权稳定有利于农户转入农地以实现规模经济，规模经济表达为生产投入与产出的比较，农户实现规模经济需要与农地规模相匹配的要素配置，产出是多种要素投入的综合结果。换言之，农业生产效率及其边界，是多种要素投入共同决定的。值得关注的是，要素改变及与之相应的要素匹配是由农地

经营主体决定的，农地流转旨在实现农地规模化经营与"能人"种地的双重效益，所谓"能人"是指具有相当的农地经营管理水平，有能力实现资源的合理配置的人，以克服小农经济低效率的问题。而在现实中，面临小农与小农的同质替换，地权稳定带来的生产要素投入改变和农户自身的经营管理水平不相匹配，必将带来效率耗散。遗憾的是，虽然我国大力推进土地流转，但普通农户依然是我国农业经营的主体力量（见表3-2）。2015年中国家庭金融调查数据显示，即使在大力支持新型农业经营主体的政策背景下，普通农户依然在各类经营主体中占据97.62%，耕种总面积占比为95.06%。可见，中国农业生产的中坚力量依然是广大的小农户，小农户是"养活中国"的核心力量。这意味着农地确权的实施可能诱发要素配置与经营对象不匹配的问题，从而损失农业生产效率。

表3-2 农业经营者类型及经营耕地面积占比 单位:%

经营者类型	经营者类型占比	经营耕地面积占比
农业企业	0.34	0.21
农业合作社	0.73	1.57
家庭农场	0.50	0.46
专业大户	0.81	2.70
普通农户	97.62	95.06
合计	100.00	100.00

资料来源：2015年中国家庭金融调查。

现实中，"能人"与"非能人"的划分更多是家庭之间的划分，其并不是完全的。需要强调的是，当前阶段，在以农户家庭为经营单位进行农地适度规模化生产时，规模经营农户的家庭劳动力和劳动时间在全职农业生产和兼职非农就业之间的优化配置仍然比较重要。当前，我国农户经营的兼业化、非农化成为普遍趋势。随着非农产业发展与劳动力转移，农民兼业收入已成为农民家庭收入的重要组成部分。表3-3显示，我国纯农户占比从2011年的66.29%降至 2018 年的 63.70% ，而农业兼业户、非农业兼业户、非农户的比例均有所增加。

表 3 - 3　　　　　　　**农户经营的兼业化趋势**　　　　　　单位:%

农户类型	2011 年占比	2015 年占比	2018 年占比
纯农户	66.29	64.80	63.70
农业兼业户	17.70	18.10	18.10
非农业兼业户	8.47	8.60	8.60
非农户	7.54	8.50	9.60

资料来源：农业部经管司编发的《全国农村经营管理统计资料》(2011 年、2015 年、2018 年)。

全职农民的家庭是否具有农地经营的比较优势并不确定。一方面，全职农民可能因不具备非农就业比较优势而被动选择农业生产，其资源配置的技术效率强弱是不确定的；另一方面，全职农民基于家庭农业生产比较优势主动选择农业经营，而此类全职农民家庭更可能成为农地经营"能人"。然而，农村劳动力非农转移并不完全是以家庭为单位的整体转移，更多的是家庭内部劳动力结构改变从而出现兼业化特征，兼业化的出现不仅可以有效规避农业规模经营风险，还可以获取兼业收入以支付农业现代化机械使用费用（赵保海，2014）。农户家庭成员外出兼业可能有利于提高农业生产纯技术效率。首先，农户外出兼业将实现家庭内部劳动力投入在农业与非农之间的合理配置，农业生产的自然属性将会使农时具备充足的劳动力。其次，农户外出兼业将获得更多的兼业收入以提高农户家庭的总收入，驱使农户更加主动地购置现代农业机械或卷入社会化服务，提升农业规模经营的迂回程度，从而提高农户的技术应用能力。最后，兼业农户在城市能够习得更先进的农业生产技术和农场化管理知识，将实现城市知识外溢效应，提高农户农业生产纯技术效率（江鑫、黄乾，2019）。

二　农地确权、农机服务与农业生产效率

明晰且稳定的地权，特别是新一轮农地确权，对农地经营权进一步明确和细分,降低了农业分工的交易费用,从而促进农户对机械化服务的选择。在农业生产的现实中,随着我国城乡二元户籍管制的松动和城市劳动力市场的逐步放开,农村劳动力非农转移规模不断扩大,农业劳动力投入的数量减少和质量降低不可避免地使农业劳动力成本不断上升,用机械替代劳动力成为农业要素配置的重要方式。

与美国农业大规模经营及其自我服务和日本农业小规模经营及其生产性服务"内卷"化不同,中国小农户与现代农业发展有机衔接的关键在于发展农业服务的社会化,通过迂回投资、服务外包而引入现代生产要素与组织方式,从而将小农户卷入分工经济(罗必良,2020)。2021年,中央一号文件进一步将发展壮大农业专业化社会化服务组织,作为推进现代农业经营体系建设的重要举措。作为政策选择的理论支撑,分工理论指出,分工将实现生产环节的专业化,生产经营活动卷入分工以及社会化分工网络扩展,能够显著改善分工经济并诱导规模报酬递增(Young,1928)。就农业部门而言,农业生产的层次性决定了可以通过有效分工将生产流程切割为多阶段且具有迂回性的生产环节,实现环节生产的专业化(杨小凯、黄有光,1999)。这意味着,专业化的分工经济通过农机社会化服务等迂回投资的方式替代劳动,使农业分工具有节约劳动力的特征(Liu et al.,2014;Wang et al.,2016)。因此,包括农机作业在内的各类农业社会化服务市场的培育与发展,不仅有助于降低引入现代生产要素的门槛以改造传统农业,实现小农户与现代农业发展的有机衔接,而且能够通过要素替代化解农业劳动的"过密化"并释放更多的农业剩余劳动力(杨思雨、蔡海龙,2020;蔡键、唐忠,2016)。

农机社会化服务隐含着重要的行为发生学意义。第一,通过机械替代劳动以节省生产成本和交易成本,已经成为农户改善要素配置效率的重要选择(张露、罗必良,2018;Zhang et al.,2017;Benin,2015)。第二,不同的作物品种,其劳动密集性程度不同。与经济作物相比，粮食作物更适宜用机械作业替代人工种植，因此，农机社会化服务有助于种植结构调整的"趋粮化"，从而有助于国家粮食安全（罗必良，2018）。第三，由于农机作业与劳动力之间的替代关系，农户使用农机服务所形成的"挤出效应"，将显著促进农业劳动力的外出务工并增加工资性收入（钟甫宁、何军，2007；李谷成等，2018）。其中，主流文献大多关注第三个方面的研究并形成了较为一致的结论（Liu et al.，2014；Wang et al.，2016）。例如宦梅丽和侯云先（2021）的研究表明，农机服务极大解放了农业劳动力并诱发农业劳动力外出务工；杨思雨和蔡海龙（2020）对中国11个省份的研究发现，采用农机社会化服务的农户，其家庭中在外务工人数占比高达30%—50%；周振等（2016）使用1998—2012年全国31个省份的面板数据发现，大力发展农机社会化服务能够显著促进农业劳动力向城市部门的转移。

事实上，农业社会化服务已经成为普遍趋势。数据表明，2016年全国经营耕地的农户为20743万户，户均拥有的拖拉机为0.13台、耕整机为0.02台、旋耕机为0.04台、播种机为0.03台、联合收获机仅为0.005台。与户均低下的农机装备水平形成鲜明对比的是，中国农作物耕种收综合机械化率却高达66.00%，其中，三大主粮作物中小麦的机耕、机播和机收比重分别为94.5%、82.0%和92.2%，稻谷为83.3%、29.0%、80.1%，玉米为73.7%、69.9%、61.7%。机械化作业率远超农户拥有的农机装备水平，主要原因是农户通过服务外包方式参与社会化分工（张露、罗必良，2018；芦千文、吕之望，2019）。截至2019年，全国农业生产托管服务面积超过15亿亩次；对全国19个省份875个托管案例的定量分析表明：采取全程托管方式，算上人工成本，小麦、玉米每亩节约的生产成本分别达到356.05元和388.84元[①]。多样化的农业生产性服务及其

---

① 李慧：《"田保姆"让农民种地更轻松——土地托管服务一线调查》，《光明日报》2020年10月12日第10版。

迂回投资，为农户提供了从种到收的农资、技术以及贷款等全程"保姆式"的服务，有效破解了"谁来种地、怎么种地"的难题，促进了农业经营方式的创新发展。

事实上，在农村要素市场发育的互动关系中，农机社会化服务对务农劳动力具有替代效应是学术界的一致共识。农机服务所具有的标准化、集约化等优势将通过替代小农经营主体，实现要素配置与经营主体的匹配优化，实现农户农业生产效率的提高。但进一步的问题是，农机社会化服务会将农村劳动力挤出农业部门吗？如果农机社会化服务对于农业劳动力的替代将农村"人才"挤出农业部门，那么对于农业生产的纯技术效率实现一定是不利的。但实际上，作为改造传统农业重要力量的农机社会化服务，其本身所具有的革新农业经营方式，吸引农村劳动力留农或返乡的功能并不被主流文献所重视。

三 农机社会化服务对农村劳动力转移的影响

1. 农村劳动力转移的去向之谜：基本事实

杨小凯和黄有光（1999）认为，农业生产环节的时间节律性决定了农业分工更可能产生浪费，因此农业分工潜力往往低于城市生产部门，城市部门分工深化与交易效率的提高将对劳动力更具吸引力，从而以交易效率的差异所产生的不平衡分工解释城乡二元经济结构的生成根源。这一论断肯定了农机替代农业劳动的作用，同时也支持了农村剩余劳动力将向城市部门转移的观点。该论断不仅承袭了刘易斯的二元经济思想，而且与费景汉和拉尼斯（1964）关于城市工业对于农业的支持将诱发农村劳动力进一步向城市部门转移的观点相一致。因此，已有的理论传统可以概括为，农机服务对农业劳动的替代将诱发农村剩余劳动力向城市部门的转移。这一论断也得到了诸多中国经验研究证据的支持（宦梅丽、侯云先，2021；杨思雨、蔡海龙，2020）。

然而，理论判断并没有得到长期实践的一致性检验。由于中国的政策支持和推广服务，中国小农户使用农机服务已成为普遍现象（Sims and Kienzle，2016）。《中国农产品成本收益资料汇编》的数据显示，1990 年农机服务成本占粮食生产总成本的 3.5%，2016 年上升到 14.3%；农民每亩地购买农机服务的年均花费从 2006 年的 129.605 元提高到 2015 年的 314.273 元[①]。与不断发育的农业社会化服务市场相对应，农村劳动力外出务工规模却并未出现进一步的扩张。农业农村部的数据显示，农村外出务工人数的增长率从 2007 年的 7.2% 下降到 2015 年的 1.5%[②]。由此，这一反差意味着，无论是经典的二元经济模型还是传统的分工理论，均无法解答其所隐含的"农业劳动力转移的去向之谜"。

另外的证据尤其值得重视。《中国农业机械工业年鉴》与《中国农村管理统计年度报告》的数据显示，我国农机化作业服务机构数从 2008 年的 16.56 万家增加到 2016 年的 18.73 万家；提供农机服务的农民专业合作社数量从 2008 年的 3666 家增加到 2016 年的 75886 家，同期农机服务从业人员从 72.6 万人增加到 208.1 万人。乡村私营企业就业人数从 2632 万人增加到 5914 万人；农、林、牧产品批发年末从业人数从 14.38 万人增加到 22.45 万人[③]；农村本地农民工数量从 2008 年的 8501 万人增加到 2016 年的 11237 万人[④]。农业农村部农村合作经济指导司的《中国农村合作经济统计年报》数据显示，2019 年，开展农民社会化服务的农民专业合作社数量达到 277494 个，从业人数为 404.11 万人；开展农业社会化服务的农村经济组织达到 63158 个，从业人数为 192.85 万人；开展农业社会化服务的企业数量达到 33911 家，从业人数为 68.33 万人；开展农业社会化服务的各类农业服务专业户数量达到 445911 户，从业人数为 138.53 万人；开展农业社会化服务的其他服务组织数量达到

---

① 已根据历年消费者价格指数（CPI）调整为 2006 年的不变价格。
② 参见农业农村部发布的《中国农村经营管理统计年报》相关数据。
③ 参见国家统计局发布的《中国统计年鉴》相关数据。
④ 参见国家统计局发布的《农民工监测调查报告》相关数据。

72928 个，从业人数为 31.79 万人。农业部门内，从事产供销一体化服务的合作社数量为 1042378 个，从事运输服务的合作社数量为 84085 个，以加工服务为主的合作社数量为 60095 个，统一组织销售的合作社数量为 514923 个，开展农村电子商务的合作社有 39149 个，开展休闲农业和乡村旅游的合作社有 12899 个。由此可以推测，第一，农业分工的深化、以农机为代表的各类服务市场的日益繁荣，将可能拓展更多的就业机会；第二，社会化外包服务的发展可能诱发农村剩余劳动力向农村非农部门的转移，从而破解"农村劳动力转移的去向之谜"。

2. 分析线索：对传统理论的反思

受刘易斯二元经济结构理论的影响，发展中国家农村剩余劳动力自发向城市部门流入被视为一种毫无障碍的过程（陈吉元、胡必亮，1994）。费景汉和拉尼斯（1964）所修正的刘易斯模型关注农村部门中农业劳动生产率的提高，但其基本思想是农业劳动生产率的提高将有效节约农业劳动力，并强化劳动力从农村转向城市的"推力"。这依然是农村剩余劳动力向城市转移单向逻辑的延续。

哈里斯与托达罗将传统两部门模型拓展至三部门从而实现了对刘易斯模型"革命"性的修正。哈里斯—托达罗模型强调，农村剩余劳动力并不必然自发地向城市转移，其决定因素是获得城市较高收入的概率与成为失业者风险的权衡，以及由此形成的预期工资收入。该模型在一定程度上纠正了刘易斯模型的单向逻辑，但必须进一步回答的问题是，既然城市就业机会有限，那么农村剩余劳动力将去向何处？虽然哈里斯—托达罗模型表达了对农业劳动力城市转移所面临约束的关切，但这一回答显然是被动的。尤其是，当城市的预期工资收入不足时，城市对劳动力"拉力"必然弱化，但该模型并未进一步关注农业剩余劳动力就地转移的可能性，更未提出拓展农村就业空间行之有效的理论。

以上理论均先验地否定农村对劳动力的"吸力"，忽视了传统农业卷入分工经济过程中所形成的吸引劳动力留农或返乡的潜在空间。

因此，传统理论面临以下两个方面的挑战。

（1）农业分工与改造传统农业。传统农业的最大特点在于自给自足的小而全经营和技术进步滞后（杨小凯、黄有光，1999）。"小而全"意味着农户必须掌握所有生产环节的技能，难以在特定环节形成专业化知识，从而导致低生产效率。舒尔茨（2009）指出了"改造传统农业"的可能性，速水佑次郎（2003）进一步认为，在传统农业基础上利用现代生产要素，能够加速农业产出和生产率增长，从而与现代经济中其他部门的增长相一致。中国政府则明确强调，"要用现代物质条件装备农业，用现代科学技术改造农业"作为现代农业发展的基本要求。随着中国农业社会化服务的发展，农户通过购买服务的迂回方式将新要素与新技术引入农业生产，传统农业正被逐步改造（罗必良，2020）。事实上，农机服务本质上充当了人力资本和知识资本的传送器并将其导入农业生产环节，而小农在农业纵向分工中实现劳动专业化以提高生产技能和熟练程度并诱发技术进步。显然，普遍卷入分工经济的中国农业逐步实现了与现代农业的有机衔接。这意味着刘易斯模型中"以传统生产方式为主的农业部门"这一假设需要重新审视。

（2）农业分工深化与拓展就业空间。随着现代农业技术尤其是农业装备技术的进步与人工智能的突破，农艺环节的可分性、农事活动的可交易性以及劳动质量监督的可考核性均显著增强，由此，农业生产的迂回程度也随之增加，农业分工空间得到拓展与深化（罗必良，2017）。这意味着，分工理论所认为的农业分工演进程度有限的观点需要做出修正。实际上，农业分工所表达的报酬递增一方面源于农户专业化程度加深与专业多样化，另一方面将形成分层的交易结构，产业间相互协调、合作并延长迂回生产链（张露、罗必良，2021）。而专业多样化与生产迂回度的提升，意味着就业空间与市场容量的扩大。可见，农业分工深化将形成农村多业态的发展格局并新增就业机会。不仅如此，分工实现的劳动专业化将通过熟能生巧、经验积累内生出技术进步，从而又进一步促进劳动力就业

（白小虎，1999）。因此，农业分工经济不仅将扩大农村就业机会，而且纵向分工所形成的劳动专门化将实现小农内生性的技能进步和就业优势，从而拓展农村内部的就业创业空间。

由此可见，以农机为代表的社会化服务虽然会替代农业劳动力，但并不必然诱发农村劳动力向城市部门的转移。农业分工深化所拓展的就业空间，意味着农业剩余劳动力除了外出务工还有另一种选择，即向农村非农部门的转移。事实上，早有学者指出，正是由于在中国农业部门所内生出的"非正式"活动，决定了中国经济是三元结构而非二元结构（陈吉元、胡必亮，1994）。

3. 机理分析：哈里斯—托达罗模型及其拓展

为了分析农机服务对农村劳动力配置的影响，本书基于哈里斯—托达罗模型（1988）并参照 Bardhan 和 Udry 的人口流动模型，设置一个农村—城市人口流动模型并对此进行拓展。设农村人口为 L_r，并在一定规模的土地上从事农业经营，其农业生产函数为 $g(L_r)$，为了简化分析，本书假设农产品在国家市场上以每单位为 1 元的价格出售，并且农村的劳动力市场是完全竞争的，从而可得农村工资为

$$w_r = g'(L_r) \tag{3 - 16}$$

设 L_m 为城市中得到就业机会的劳动力数量，L_u 为城市失业人口或者可以认为是在非正式部门中就业。假设总人口为 1，从而可得 $L_r + L_m + L_u = 1$。哈里斯—托达罗模型对城市非正式部门的定义是失业或者是仅能维持生存的劳动力，并假设其工资为 0。城市正式部门中的生产函数为 $f(L_m)$，并假设 w_m 是由制度外生所规定的城市正式部门就业工资。由于假设城市就业工资是外生且固定的，在城市正式部门中的就业规模

$$w_m = f'(L_m) \tag{3 - 17}$$

通过式（3 - 17）可以得到城市正式部门的实际劳动力需求为 $L_m(w_m)$，在模型中，只有实际在城市中居住的劳动力才可以在城市正式部门中得到工作机会，其得到正式部门就业的概率是城市正式

部门可以提供的工作数量与居住在城市中劳动力数量的比值，从而可得城市劳动力的期望工资水平为

$$E(w_m) = \frac{L_m}{L_m + L_u} \times w_m \qquad (3-18)$$

哈里斯—托达罗模型表明劳动力将根据农村与城市劳动力的期望工资水平向具有更高工资水平的部门流动，只有在城市居民的期望工资等于该居民在农村中能挣得的工资时，劳动力流动才达到均衡状态：

$$w_r = \frac{L_m(w_m)}{L_m(w_m) + L_u} \times w_m \qquad (3-19)$$

式（3-19）刻画了城市中非正式部门的规模随城市工资变化的情况。由于哈里斯—托达罗模型假定城市正式部门的工资总是高于农村部门的工资，而转移到城市的农村劳动力也面临进入城市非正式部门（工资为0）的风险，因此，式（3-19）表明，当城市非正式部门的规模足够大时，农村工资与迁移到城市的预期工资相等，农村与城市之间的劳动力转移将实现均衡状态。

城市正式部门工资是恒定的 w_m^*，因此将决定城市正式部门的就业规模为 L_m^*，从而根据式（3-19）可得

$$w_r(L_u + L_m) = w_m L_m \qquad (3-20)$$

哈里斯—托达罗模型在刘易斯模型的基础上进一步考虑了城市失业问题的存在，从而在模型中设置城市非正式部门，城市非正式部门的工资水平很低，仅能维持基本的生存。正是由于城市非正式部门的存在，人口城乡之间的劳动力流动才得以实现均衡。如果城市正式部门中外生给定的工资水平很高，即 w_m 很高，那么在城市正式部门中雇用的劳动力数量将减少。假设在城市中不存在非正式部门（$L_u = 0$），城市中实现了充分就业，即 $\frac{L_m}{L_u + L_m} = 1$，那么，城市正式部门之外的劳动力（$1 - L_m$）将只能在农业部门中就业，由于农业中的劳动力供给增多，农业中劳动力的边际生产力以及农业

的工资就会非常低。根据式（3-19）的均衡条件可知，此时城市正式部门的预期工资将会很高，农村劳动力将从农业部门向城市转移，并逐步提高农村工资从而达到新的均衡。显然，劳动力市场的均衡将通过劳动力转移实现。但是劳动力向城市的转移总会迎来供过于求的时刻，这也是城市中存在非正式部门的必要性，劳动力转移致使非正式部门集中大量失业人口，降低向城市中转移的劳动力找到工作的概率，也就降低了在城市正式部门中就业的预期工资。

至此，哈里斯—托达罗模型并未考虑农村部门可能存在的拓展就业空间的变化。假设农业经营中所采用的农机社会化服务将替代部分劳动力，那么会因农村中出现更多剩余劳动力而降低农村部门的工资预期，即农村工资是农机外包服务的减函数，设使用农机服务为 AMS，从而可得

$$w_r = g'(L_r, AMS) \qquad (3-21)$$

根据哈里斯—托达罗模型，农机服务的使用将降低劳动力的农村预期工资，从而发生向城市部门的转移现象。然而，随着农业分工深化与农机服务的普及，必然丰富农业业态并拓展农村就业空间，显然农村部门中将存在"非正式部门"，农村"非正式部门"将为劳动力提供农村内部的非农务工机会。换言之，农机服务对劳动力的替代将进一步释放农村劳动力，但分工的深化又进一步吸纳劳动力。而农村非农就业机会与分工深化存在正向关系。这意味着农村非农工资是农机外包服务的增函数，从而可得农村内部非农就业工资为

$$w_t = h'(L_r, AMS) \qquad (3-22)$$

因此，农村劳动力不仅将具有农业预期工资和城市预期工资，而且会有农村内部就业的预期工资。随着农业分工的深化与关联产业链的形成，农村非农部门所提供的就业机会将增加，在劳动力数量一定的假设下，其预期工资水平必然提高。因此，本书将哈里斯—托达罗模型扩展至四部门，根据式（3-19），本书假设农村部门中也存在"非正式部门"，其劳动力需求量为 L_t。依然将总人口

定为 1，从而可得 $L_r + L_m + L_u + L_t = 1$。农业劳动力和农村非农就业的期望工资水平分别为

$$E(w_r) = \frac{L_r}{L_r + L_t} \times w_r \qquad (3-23)$$

$$E(w_t) = \frac{L_t}{L_r + L_t} \times w_t \qquad (3-24)$$

从而可得劳动力流动达到新均衡状态的条件：

$$\frac{L_r}{L_r + L_t} \times w_r + \frac{L_t}{L_r + L_t} \times w_t = \frac{L_m(w_m)}{L_m(w_m) + L_u} \times w_m \quad (3-25)$$

根据式（3-25）的劳动力转移均衡条件可以看到，当农机服务逐步改造传统农业时，由于农村非农部门以及城市中非正式部门的存在，农村剩余劳动力不再必然向城市转移，反而农村非农就业部门的壮大将吸引城市非正式部门中的劳动力返乡，从而形成劳动力转移新的均衡。由此得出推论，农机社会化服务的发展将壮大农村非农部门的劳动力需求，因此，农机社会化服务的发展短期内并不会将农村劳动力挤出农业部门，反而具有吸引更多劳动力进入农村非农部门的趋向。

截至目前，本书所研究的模型中并未考虑到农村劳动力在作出转移决策时的前瞻性问题以及迁移中的成本问题。逻辑上说，农村剩余劳动力向城市部门转移和向农村非农部门转移的决策不只考虑预期工资水平，同时劳动力非农转移将面临不同的迁移成本问题。向城市部门的转移成本往往高于向农村内部非农部门转移的成本。这种成本不仅指单纯的经济成本，也包含背井离乡、远离故土亲人等的心理或精神损失成本。

假设农机社会化服务的使用所替代的农村劳动力能够选择在城市还是在农村居住，把这部分劳动力的初始值设为 1，M_t 是在 t 时期转移向城市的农村人口数量，则留在农村寻求在农村非农部门就业的人口是 $1 - M_t$。$(1 - M_t)'$ 为农村非农部门所需劳动力 $[(1 - M_t)' < 1 - M_t]$，设 π_t 为 t 时期农村非农生产的工资，它取决于农村非农就

业人口：

$$\pi_t = \gamma^\gamma(M_t) \qquad (3-26)$$

假设 E_t 为 t 时期城市正式部门雇用的流动人口人数（$E_t \leq M_t$，这是因为转移到城市的人口需要时间寻找工作），w_t 为城市正式部门工资。城市正式部门的反劳动力需求函数为

$$w_t = \gamma^m(E_t) \qquad (3-27)$$

γ^γ 随 M_t 递增，γ^m 随 E_t 递减，t 时期从农村到城市的人口流动成本为 c，p 为向城市转移的劳动力找到工作的概率。p' 为在农村非农部门找到工作的概率。依然假设农业工资为 w_r。那么在向城市迁移的劳动力预期收入为

$$V^m = p\gamma^m(E_t) - c \qquad (3-28)$$

在农村非农部门失业的劳动力可以退回农业经营，因此在农村的劳动力预期收入为

$$V = p'\gamma^r(M_t) + (1-p')w_r \qquad (3-29)$$

从而可以得到农村剩余劳动力新的均衡条件：

$$p\gamma^m(E_t) - c = p'\gamma^r(M_t) + (1-p')w_r \qquad (3-30)$$

通过以上机理分析，可以得到区别于以往文献的一个重要观点：如果农业分工深化与农机社会化服务使用拓展了农村就业空间，那么农村剩余劳动力将可能出现向农村非农部门的转移。因此，农机服务将进一步释放农村劳动力，但并不必然诱发农村劳动力向城市部门的非农转移。考虑到向城市迁移存在的成本，农村分工深化可能具有抑制劳动力外出务工，甚至吸引劳动力留农和返乡的优势。

四 研究假说

农地确权对农户农业生产效率的影响受到农业生产要素配置约束的影响。本书考虑了农业经营的对象特征、农业社会化服务的作用以及农业社会化服务对农业劳动力的影响。通过理论分析，提出如下假说。

假说1：农地确权会带来农户农业生产要素投入的改变，要素流

动的改变与小农户有限的经营管理水平不匹配。

假说2：农机社会化服务具有替代农业劳动力的作用，其本身所具有的集约化、标准化等优势将有助于实现农地确权对农户农业生产效率的提升作用。

假说3：农机社会化服务虽然会替代农业劳动力，但农业分工深化与农机社会化服务拓展了农村就业空间，从而诱发农村剩余劳动力向农村非农部门的转移。

第四节　小结

农地确权如何影响农业生产效率，基于不同的历史情境和现实情境得出的结论存在差异。为此，本书试图构建"农地确权—情境约束—农业生产效率"的分析线索，通过回顾发展经济学和产权经济学的相关文献，从理论与实证结合的层面来揭示农地确权对农业生产效率的影响。一方面，作为农地确权历史情境的农地调整曾一度广泛存在，农地调整的约束机制和制约机制作为制度遗产依然发挥着引导农民提高农业生产积极性、实现农业生产纯技术效率的功能；另一方面，农地确权无疑将带来农业生产要素的改变，但不可忽视的是，千百年来中国小农精耕细作的经营模式决定了普通农户的经营管理水平是有限的，无法适配要素配置改变的冲击，从而诱发纯技术效率的耗散。因此，农地确权并不能完全如经典理论所说的那样，完全带来效率的实现。

第一，农地并非高价值的物品，农地确权的同质赋权可能诱发农民对农地产权珍惜程度的不足，从而降低农业生产积极性，带来纯技术效率耗散。从国家自上而下的乡村治理的角度来看，农地调整发挥着基层维稳和对农民农业生产反向激励的作用，从而决定了地权调整经历作为历史遗产对农地确权效率具有平衡作用。一个由农地调整和农地确权所表达的"约束—激励"机制将有效调动农民的农业生产积极性，并实现农业生产纯技术效率的改善。

第二，农业生产纯技术效率的实现有赖于农民对生产要素配置能力的改善以及相当水平的农业经营管理水平。但问题是，中国历来的农业小规模、细碎化、精耕细作式的农耕模式形塑了农民在一定规模要素条件下的经营能力。因此，稳定地权的政策实施所必然带来的要素规模改变，必须有正确的经营对象或者充分的经营管理人力资本水平加以匹配。正因如此，在依然以小农经营为主的农业生产环境中，稳定地权的政策对农业生产效率实现的积极作用是打折扣的。但是，必须肯定农业社会化服务作为技术要素对农业劳动力的替代作用为农业生产纯技术效率带来的积极影响。

第 四 章

农地确权与农户农业生产效率

制度的重要性几乎成为学术界的共识。赋予产权主体更加充分的财产权利并允许产权主体自由转让并保护其收益，诱导人们根据成本收益进行决策和经济交易，能提高资源的配置效率，实现经济的发展和繁荣。发展中国家曾普遍面临土地财产权利模糊和农民土地产权弱化的问题，也长期被认为是这些国家的农民生产积极性不高、农业投资不足、农业生产效率较低的重要原因。地权边界的不明晰和农民自身土地产权的弱化致使农民对自己所经营的土地上的投入和产出，以及由此可能获得的农业经济收益无法产生明确和稳定的预期。地权的模糊和不稳定意味着农民在土地上所投资的资本品和经营性努力在未来存在损失的风险，显然，这将抑制农民进行农业生产的积极性。因此，对农村土地进行确权颁证成为众多发展中国家经济改革中的重要一环。然而，农地确权如何影响农户农业生产效率，基于不同的实施情境，相关研究并未得出一致的结论。

通过文献梳理和前文的理论分析，结合众多发展中国家农地确权的经验以及中国农地确权实施的背景，本书认为，农地确权对农户农业生产效率的影响是具有情境依赖性的，不仅会如经典理论所说提升农户农业生产效率，也会诱发部分效率的损失，从而致使农地确权对农户生产效率的制度红利无法完全释放。因此，必须考虑效率结构的层次性，从多个维度考察农地确权对农户农业生产效率的多方面影响，明确农地确权可能带来的农户农业生产效率损失的现象并追溯探究其发生根源。

本章将从农户农业生产的综合效率、纯技术效率和规模效率三个维度考察农地确权对农业生产效率的影响。之所以如此，是因为从前文的文献和理论分析可知，农地确权实施中不同的历史情境和现实情境会导致农户农业生产积极性的不足，农户农业生产的积极性可以表达为农户进行农业经营所付出的改善自身经营管理水平、重视和珍惜土地的经营性努力等，同时要素配置改变与农民经营管理水平的匹配程度等，均需要从农业生产的纯技术效率维度进行计量和考察。

第一节　数据来源与变量设置

一　数据来源

数据来源于中山大学国家治理研究院社会科学调查中心 2016 年中国劳动力动态调查（CLDS）。CLDS 对中国城乡每两年开展一次动态追踪调查，样本覆盖了中国 29 个省份（不包括港澳台地区、西藏自治区、海南省），对村庄社区结构、家庭状况和劳动力特征进行系统监测。具有一定的权威性、代表性和稳定性。CLDS 以 15—64 岁的劳动年龄人口为对象，以劳动力的生活、教育、就业、收入、消费、健康、权益保障等为调查核心；同时，对劳动力所在社区的政治、经济、社会发展，对劳动力所在家庭的人口结构、家庭财产与收入、家庭消费、家庭捐赠、农村家庭生产和土地等众多议题开展了调查。具体的调查方法为多阶段、多层次、与劳动力规模呈比例的概率抽样方法，并结合轮换样本追踪方式，既能较好地适应中国特有的变迁环境，又能兼顾横截面调查的特点。

2016 年 CLDS 数据集共包括 401 份村居社区问卷、14226 份家庭问卷、21086 份 15—64 岁劳动力人口个体问卷。该数据集包含了家

庭农地确权情况，为本书的实证研究提供了有效的数据支撑。为从
CLDS 问卷中获得所需的实证数据，本书首先根据家庭编码将家庭
和个人数据进行匹配，获得完整的家庭信息，然后再根据村庄编
码将整理后的家庭数据和村庄数据进行匹配，从而获得包括个人、
家庭和村庄三个层面的完整数据集。本书在剔除非农村居民、数
据不合理和主要变量数据缺失严重的样本后，获取全国 6174 个农
户样本。

二　变量设置

1. 被解释变量：农业生产效率

本书使用数据包络分析模型基于投入导向下的 BBC 模型对农户
的农业生产效率进行测算，将农户农业生产的综合效率、纯技术效
率和规模效率①一起作为本章的被解释变量。参考已有研究（林文
声等，2018），测算农户生产效率的投入指标包括农地经营规模、农
业经济投入和农业生产时间，农户家庭农业总产值为产出指标。具
体的处理模型如下：

$$BC^2 = \begin{cases} \min\left[\theta - \varepsilon(e^T s^- + \bar{e}^T s^+)\right] \\ \sum_{j=1}^{n} x_j \lambda_j + s^- \leqslant \theta x_0 \\ \sum_{j=1}^{n} y_j \lambda_j - s^+ \geqslant y_0 \\ \sum_{j=1}^{n} \lambda_j = 1 \\ \lambda_j \geqslant 0, j = 1, 2, \cdots, n \\ s^+ \geqslant 0, s^- \geqslant 0 \end{cases} \quad (4-1)$$

---

①　农业生产纯技术效率反映的是农户在一定规模（最优规模）投入要素的生产
效率，是农户由于管理和技术等因素影响的生产效率；农业生产规模效率反映的是实
际规模与最优规模的差距，是由于农地规模因素影响的生产效率；农业生产综合效率
是对农户的资源配置能力、资源使用效率等多方面能力的综合衡量与评价。

式 （4-1） 中：n 为决策单元的数量，有 m 种投入、s 种产出；x_0 和 y_0 为实际投入与产出，投入 $x_j = (x_{1j}, x_{2j}, \cdots, x_{mj})^{\mathrm{T}}$ 和产出 $y_j = (y_{1j}, y_{2j}, \cdots, y_{mj})^{\mathrm{T}}$ 的约束条件为 $x_{ij} \geqslant 0(i = 1, 2, \cdots, m)$，$y_{rj} \geqslant 0(r = 1, 2, \cdots, s)$；$s^-$、$s^+$ 分别为冗余变量和松弛变量，可以等同为应该减少的投入和增加的产出量；$\varepsilon > 0$ 为非阿基米德无穷小量；λ_j 为权重系数，$e = (1, 1, \cdots, 1)^{\mathrm{T}} \in E^m$，$\hat{e} = (1, 1, \cdots, 1)^{\mathrm{T}} \in E^s$。BBC 模型下的综合效率值 θ 可细分为纯技术效率与规模效率。BCC 模型的经济含义：当 $\theta = 1$ 且 $s^- = s^+ = 0$ 时，决策单元为 DEA 有效；当 $\theta = 1$ 且 $s^- \neq s^+ \neq 0$ 时，决策单元为 DEA 弱有效；当 $\theta < 1$ 时，决策单元为 DEA 无效。BCC 模型的生产可能集为

$$T_{BC^2} = \left\{ (x, y) \mid \sum_{j=1}^{n} x_j y_j \leqslant x, \sum_{j=1}^{n} y_j \lambda_j \geqslant y \geqslant 0, \right.$$

$$\left. \sum_{j=1}^{n} \lambda_j = 1, \lambda_j \geqslant 0, j = 1, 2, \cdots, n \right\} \qquad (4-2)$$

2. 核心解释变量：农地确权

农地承包经营权证书由政府颁发，体现着国家层面的赋权，确权证书的发放体现了公共治理范畴内的法律赋权，是国家意志的表现。农地承包经营权证书的获得是农民土地确权完成的事实标志和法律依据。本书对农地确权变量使用农户是否获得农地确权证书加以表征。

3. 控制变量

本书还控制了农户家庭和村庄特征变量以及地区层面固定效应。本书所采用数据为户级层面数据，并且农地产权制度变革是以家庭为基本单位的，所以本书进一步控制家庭特征，考虑到农户对大型农具的扩散应用给家庭生产节本增效带来的积极作用（董莹等，2019），设置家中是否有大型农具作为家庭特征变量。同时，参照苏卫良等（2016）、林文声等（2018）、李宁（2019）的研究，设置的农户家庭特征包括家庭成员平均年龄、家庭成员受教育程度、家庭女性比。农户家庭作为村庄成员，必将受到村庄特征的约束（郑旭

媛等，2017），考虑到村庄服务可能对农户家庭生产效率的影响，因此设置村庄非农经济、村庄统一灌溉排水服务、村庄统一购买生产资料服务、村庄统一提供生产技术培训服务变量。

上述变量定义、赋值及其描述性统计见表 4 - 1。

表 4 - 1　　　　　　　　**变量定义、赋值及其描述性统计结果**

	变量名称	变量定义	平均值	标准差
产出指标	家庭农业总产值	农户生产农产品的总价值，单位：元，取对数	8.619	1.310
投入指标	农地经营规模	农户扣除弃耕后的土地经营面积，单位：亩，取对数	1.570	1.051
	农业经济投入	农户农业生产的总投入，单位：元，取对数	7.762	1.343
	农业生产时间	农户进行农业生产的总时间，单位：天，取对数	7.630	0.662
被解释变量	农业生产综合效率	基于 BBC 模型测算得到的农户农业生产综合效率	0.221	0.230
	农业生产纯技术效率	基于 BBC 模型测算得到的农户农业生产纯技术效率	0.456	0.243
	农业生产规模效率	基于 BBC 模型测算得到的农户农业生产规模效率	0.473	0.302
核心解释变量	农地确权	已实现农地确权且已领到农地承包经营权证书（是 =1，否 =0）	0.540	0.498
控制变量	家中是否有大型农具	有 =1，无 =0	0.024	0.154
	家庭成员平均年龄	家庭成员平均年龄（年）	44.573	13.837
	家庭成员受教育程度	高中以上学历成员占比（%）	16.321	21.300
	家庭女性比	女性成员占比（%）	47.816	17.774
	村庄非农经济	有 =1，无 =0	0.204	0.403
	村庄统一灌溉排水服务	是 =1，否 =0	0.402	0.490

	变量名称	变量定义	平均值	标准差
控制变量	村庄统一购买生产资料服务	是 = 1，否 = 0	0.098	0.298
	村庄统一提供生产技术培训服务	是 = 1，否 = 0	0.674	0.469
	区域虚拟变量	省份虚拟变量	—	—

资料来源：笔者自制。

第二节　模型设置与内生性讨论

一　模型设置

本章旨在分析农地确权对农户农业生产效率的影响。为检验农地确权对农户农业生产效率的独立影响，设置如下模型：

$$Y_i = \beta_0 + \beta_1 X_i + \beta_2 \boldsymbol{D}_i + \varepsilon_i \qquad (4-3)$$

式（4-3）识别了三组方程，其中：Y_i 为农户的农业生产综合效率、纯技术效率和规模效率；X_i 为农地确权，即农户家庭是否实现了农地确权并获得了农村土地承包经营权证书；$\boldsymbol{D}_i$ 为由控制变量组成的矩阵，包括家庭特征变量、村庄变量和地区层面变量；β_0 为常数项；β_1 和 β_2 为待估计系数；ε_i 为误差项，并假设满足标准正态分布。

二　内生性讨论

需要指出的是，本书中农地产权变量的引入会引起内生性问题。具体而言，农地确权与农户生产效率之间可能存在反向因果。已有研究已经证明农地确权在很大程度上可视为政策外生变量（程令国等，2016），但是由于生产效率差异可能导致实际存在的农地确权进程在不同效率水平农户间存在差异，从而导致反向因果问题。同时，模型中还可能存在其他观测不到的但能影响到农户农业生产效率的遗漏变量，导致内生性问题。根据已有研究（Kung，2002；陆铭等，2008；Ma et al.，2013；黄枫等，2015），村庄层面的农地产权指标可以被用来充当农户个体产权特征的工具变量，因此本书使用村庄其他农户的农地确权率作为本户农地确权的工具变量。原因在于农地确权证书是地权法律界定的权威凭证和地权安全性的根本保障。因此获得农地确权证书可能诱发农民行为选择的改变，尚未完成农地确权的农户并不会直接影响本户的农业生产效率。村庄内其他农户的农地确权率会对本户农地确权进程产生影响，但是不会对本户的生产效率水平产生直接影响，满足工具变量选择标准。

第三节　农地确权对农户农业生产效率的影响

一　基准回归结果

表 4 - 2 为农地确权对农户农业生产效率的影响。从模型 1 - 1 估计结果发现，农地确权的系数为 0.031，在 1% 的统计水平上显著，表明农地确权能够使农户的农业生产综合效率提高 3.1%。农地确权总体上对农户的农业生产综合效率提高具有显著的促进作用。模型 1 - 2 的估计结果显示，农地确权的系数为 - 0.038，在 1% 的统计水平上显著，表明农地确权对农户的农业生产纯技术效率具有显著的抑制效应，农地确权使农户的农业生产纯技术效率耗散 3.8%。模型 1 - 3 的估计结果显示，农地确权的系数为 0.048，在 1% 的统计水平上显著，表明农地确权对农户农业生产规模效率具有显著的促进作用，提高规模效率 4.8%。

表 4 - 2 的估计结果显示了已经完成农地确权颁证的农户家庭，农地确权可以显著提高其农业生产综合效率与规模效率，意味着农地确权确实带来了农业生产效率的提升。特别是对农业生产规模效率的进一步考察发现，农地确权的政策实施激励农户农业经营规模

实现优化。正如主流研究表明，稳定且边界明晰的农地产权是提高农业绩效和活跃农村要素市场的重要前提，同时减少效率损失（Alchian，1965；Cheung，1974；Hayek，1999）。这实际上表达的核心思想是，明晰且稳定的地权将会减少农户家庭从事农业生产的效率耗散。同时，稳定且明晰的农地产权将有助于农户的农业经营规模逐步接近最优规模。

表4 - 2　　　　　　　　农地确权对农户农业生产效率的影响

变量	综合效率	纯技术效率	规模效率
	模型1 - 1	模型1 - 2	模型1 - 3
农地确权	0. 031 *** (0. 006)	- 0. 038 *** (0. 006)	0. 048 *** (0. 008)
家中是否有大型农具	0. 017 (0. 016)	- 0. 075 *** (0. 017)	0. 073 *** (0. 021)
家庭成员平均年龄	0. 000 * (0. 000)	- 0. 001 *** (0. 000)	0. 000 (0. 000)
家庭成员受教育程度	0. 000 (0. 000)	0. 000 (0. 000)	0. 000 *** (0. 000)
家庭女性比	0. 000 (0. 000)	0. 000 (0. 000)	0. 000 (0. 000)
村庄非农经济	0. 090 *** (0. 008)	0. 101 *** (0. 008)	0. 074 *** (0. 010)
村庄统一灌溉排水服务	- 0. 037 *** (0. 006)	- 0. 002 (0. 006)	- 0. 057 *** (0. 008)
村庄统一购买 生产资料服务	- 0. 075 *** (0. 008)	- 0. 015 (0. 010)	- 0. 123 *** (0. 011)
村庄统一提供生产技术培训服务	0. 005 (0. 006)	- 0. 003 (0. 007)	0. 028 *** (0. 008)
省份虚拟变量	控制	控制	控制

续表

变量	综合效率	纯技术效率	规模效率
	模型 1 - 1	模型 1 - 2	模型 1 - 3
常数项	0. 206 ***	0. 523 ***	0. 382 ***
	(0. 022)	(0. 015)	(0. 025)
观测值	6174	6174	6174
R^2	0. 170	0. 174	0. 188

注：*** 、* 分别表示在 1% 、10% 的统计水平上显著，括号内为稳健标准误。

　　但需要特别关注的是，表 4 - 2 中模型 1 - 2 的估计结果显示，农地确权并没有带来农户农业生产纯技术效率的提高，反而在 1% 的显著性水平上抑制纯技术效率。这表明在当前的技术水平上，随着农地确权的实施，农户对投入资源的使用效率是不断降低的。根据诱致性技术进步理论，农业生产效率的快速提升主要依赖技术进步，而技术进步方向取决于农业生产要素的相对稀缺程度（Hayami et al. , 1970），有效的制度供给需要在一定技术水平下对要素配置进行优化，达到帕累托改进（Ruttan，2002）。作为农业生产经营主体，农户在生产初期要素禀赋约束下，考虑节本增收效果与风险规避双重因素的生产决策已经形成了固有的路径依赖。当农地确权诱发生产要素投入结构偏离经济主体资源配置能力边界时，地权稳定情境下经营主体滞后的经营管理水平将实际形成部分效率的耗散。

　　在其余控制变量影响方面，家中是否有大型农具显著抑制农户的农业生产纯技术生产效率，显著促进农户农业生产规模效率实现，对农户农业生产综合效率未通过显著性检验。可能的原因在于，拥有大型农具在扩大农地经营规模中才能发挥大型农具的规模效益，农业生产纯技术效率低意味着农户并未具备大型技术要素和装备的管理与应用能力，致使农户效率的部分耗散，从而导致综合效率并不能完全实现。村庄非农经济将对农户三大效率产生显著的促进作用，表明富裕的村庄农业生产的效率更高，可能是因为村内有非农产业（可能说明该村庄更加富裕），同时村内部分劳动力将加入村内非农产业，诱发劳动力从农业部门向非农部门的转移。农业劳动力的减少和村庄富裕程度的提升，将双向驱使农户使用农地托管等经营方式或购买农业社会化服务以替代劳动力。除此之外，农业劳动力向非农部门转移将促进农地流转，实现规模化的农业经营。

二　内生性问题与处理

为解决农地确权与农户农业生产效率之间的互为因果和遗漏变量所导致的内生性问题，参照 Ma 等（2015）、黄枫等（2015）的做法，采用村庄集聚层数据作为农地确权的工具变量进行回归分析。

首先，对照杜宾—吴—豪斯曼检验（DWH test）的结果，表 4－3 的估计结果面临内生性问题；其次，弱工具变量检验（Weak IV test）和识别不足检验（Under－identification test）表明，本章所采用的工具变量不存在弱工具变量和识别不足的问题。表 4－3 中模型 2－1、模型 2－2 和模型 2－3 的估计结果表明，农地确权将显著促进农业生产综合效率和规模效率实现，但会显著抑制农业生产纯技术效率，其估计结果与基准回归结果基本一致。这表明，在考虑了互为因果和遗漏变量等内生性问题后，估计结果依然成立，由此表明上述基准回归结果的准确性和稳健性。

表 4－3　　　农地确权对农户农业生产效率的影响：工具变量模型

变量	综合效率	纯技术效率	规模效率
	模型 2－1	模型 2－2	模型 2－3
农地确权	0.138 ***	－ 0.120 ***	0.218 ***
	(0.017)	(0.011)	(0.021)
家中是否有大型农具	0.019	－ 0.070 ***	0.077 ***
	(0.016)	(0.017)	(0.022)

续表

变量	综合效率	纯技术效率	规模效率
	模型 2－1	模型 2－2	模型 2－3
家庭成员平均年龄	0.000 **	－0.001 ***	0.000
	(0.000)	(0.000)	(0.000)
家庭成员受教育程度	0.000	0.000	0.000
	(0.000)	(0.000)	(0.000)
家庭女性比	0.000	0.000	0.000
	(0.000)	(0.000)	(0.000)
村庄非农经济	0.089 ***	0.093 ***	0.074 ***
	(0.008)	(0.009)	(0.010)
村庄统一灌溉排水服务	－0.034 ***	－0.006	－0.052 ***
	(0.007)	(0.006)	(0.009)
村庄统一购买 生产资料服务	－0.080 ***	－0.003	－0.130 ***
	(0.008)	(0.010)	(0.012)
村庄统一提供生产技术培训服务	0.002	0.003	0.024 ***
	(0.006)	(0.007)	(0.008)
省份虚拟变量	控制	控制	控制
常数项	0.193 ***	0.559 ***	0.438 ***
	(0.032)	(0.016)	(0.040)
观测值	6174	6174	6174
R^2	0.128	0.174	0.126
第一阶段的估计系数	0.874 ***	0.874 ***	0.874 ***
	(0.024)	(0.024)	(0.024)
Under－identification test	1003.599 ***	1003.599 ***	1003.599 ***
Weak IV test	1191.415	1191.415	1191.415
DWH test	60.664 ***	81.417 ***	91.666 ***

注：***、** 分别代表在1%、5%的统计水平上显著，括号内为稳健标准误。

三　稳健性检验

1. 替换核心解释变量

在前面的基准回归中，本书使用农户是否获得农村土地承包经营权证书以表征地权稳定性，但是我国农地产权的实施在很大程度上依赖地方法规或社会安排，同时不同的经济环境会导致实际的农地确权进程出现差异。换言之，农地确权实际进程可能受到当地经济水平、社会结构等因素的干扰，不能很好地表征地权稳定性。已有研究表明，农地调整和农地产权证书均是衡量地权稳定性的主要指标（Jacoby et al.，2002；许庆等，2005；钟甫宁等，2009），农地调整是村庄自发或约定俗成的集体决策，农地调整的发生反映了农村社会资源配置和社会网络关系运行的自我实施特征，属于自下而上的土地治理模式，是农地产权不稳定的一个重要表征（叶剑平等，2010）。因此，以 2003 年以来农地是否发生过调整对核心解释变量进行替换，经历过农地调整的农户视为地权并不稳定（赋值 1），没有经历过农地调整的农户视为地权稳定（赋值 0）。表 4 - 4 汇报了替换核心解释变量的模型估计结果。

表 4 - 4 的估计结果表明，农地调整的经历在 5% 的统计水平上显著抑制农户农业生产规模效率，在 1% 的统计水平上显著促进纯技术效率实现。换言之，地权不稳定将显著抑制农业生产规模效率，显著促进纯技术效率实现，上述发现分别与基准回归的估计结果逻辑一致。但是表 4 - 4 中模型 3 - 1 的估计结果显示，农地调整对农业生产综合效率并没有显著的影响。这意味着，农地调整作为地权不稳定的重要诱因，虽然对农户农业生产的综合效率并没有明确的影响，但是有提升效率的积极的一面，农地调整可以激励农户积极改善农业经营管理水平，提高农户农业生产积极性的制度基因也不容忽视。

表 4 - 4   农地调整对农户农业生产效率的影响

变量	综合效率	纯技术效率	规模效率
	模型 3 - 1	模型 3 - 2	模型 3 - 3
农地调整	0.006 (0.004)	0.019 *** (0.003)	- 0.009 ** (0.004)

续表

变量	综合效率	纯技术效率	规模效率
	模型 3－1	模型 3－2	模型 3－3
家中是否有大型农具	0.015 (0.015)	－0.040 *** (0.015)	0.068 *** (0.020)
家庭成员平均年龄	0.000 * (0.000)	－0.001 *** (0.000)	0.000 (0.000)
家庭成员受教育程度	0.000 (0.000)	0.000 * (0.000)	0.000 *** (0.000)
家庭女性比	0.000 (0.000)	0.000 (0.000)	0.000 (0.000)
村庄非农经济	0.089 *** (0.008)	0.061 *** (0.008)	0.076 *** (0.010)
村庄统一灌溉排水服务	－0.035 *** (0.006)	－0.005 (0.006)	－0.052 *** (0.008)
村庄统一购买 生产资料服务	－0.076 *** (0.007)	0.003 (0.009)	－0.126 *** (0.011)
村庄统一提供生产技术培训服务	0.008 (0.006)	－0.004 (0.006)	0.033 *** (0.007)
省份虚拟变量	控制	控制	控制
常数项	0.212 *** (0.021)	0.468 *** (0.020)	0.407 *** (0.024)
观测值	6845	6845	6845
R^2	0.164	0.172	0.182

注：*** 、** 、* 分别代表在1%、5%、10%的统计水平上显著，括号内为稳健标准误。

必须加以强调的是，农地调整对农户农业生产效率的影响也面临内生性的挑战。为解决潜在的内生性问题，本书使用工具变量法，基于县级集聚层，使用县内其他村庄农地调整率作为农地调整的工具变量。其合理性在于，从理论上讲，同县其他村的农地调整情况会影响到本村农地调整，但村庄是中国农民社会生活的基本组织单位，村庄组织文化在村社成员的行为决策中发挥不可忽视的作用，长期的聚居生活形成了村庄的基本秩序。实际上，本村以外的村庄对于农民而言是不同的生活单位，并具有明显的行为差异与生活界限。这意味着，本村农民个体的行为观念并不会直接受到其他村社的影响，本村外其他村庄的农地调整也并不会直接影响到本村农民个体的行为预期。

首先，对照杜宾—吴—豪斯曼检验的结果，表4-5的估计面临内生性问题；其次，弱工具变量检验和识别不足检验表明，本章所采用的工具变量不存在弱工具变量和识别不足的问题。模型估计结果显示，农地调整对农户的农业生产综合效率并不产生明确的影响，但显著提升了农户的农业生产纯技术效率，显著降低了农户的农业生产规模效率。这一估计结果与表4-4中的估计结果一致。

表4-5   农地调整对农户农业生产效率的影响：工具变量模型

变量	综合效率	纯技术效率	规模效率
	模型4-1	模型4-2	模型4-3
农地调整	0.003	0.020 ***	-0.012 ***
	(0.003)	(0.003)	(0.004)
家中是否有大型农具	0.015	-0.040 ***	0.068 ***
	(0.015)	(0.015)	(0.020)
家庭成员平均年龄	0.000 *	-0.001 ***	0.000
	(0.000)	(0.000)	(0.000)
家庭成员受教育程度	0.000	0.000 *	0.000 ***
	(0.000)	(0.000)	(0.000)
家庭女性比	0.000	0.000	0.000
	(0.000)	(0.000)	(0.000)
村庄非农经济	0.089 ***	0.061 ***	0.076 ***
	(0.008)	(0.008)	(0.010)

续表

变量	综合效率	纯技术效率	规模效率
	模型 4 – 1	模型 4 – 2	模型 4 – 3
村庄统一灌溉排水服务	– 0.035 *** (0.006)	– 0.006 (0.006)	– 0.052 *** (0.008)
村庄统一购买 生产资料服务	– 0.076 *** (0.007)	0.003 (0.009)	– 0.126 *** (0.011)
村庄统一提供生产技术培训服务	0.008 (0.006)	– 0.004 (0.006)	0.033 *** (0.007)
省份虚拟变量	控制	控制	控制
常数项	0.265 *** (0.030)	0.397 *** (0.032)	0.527 *** (0.037)
观测值	6845	6845	6845
R^2	0.164	0.172	0.182
第一阶段的估计系数	0.999 *** (0.002)	0.999 *** (0.002)	0.999 *** (0.002)
Under – identification test	6111.112	6111.112	6111.112
Weak IV test	57000	57000	57000
DWH test	3.757 *	14.630 ***	18.417 ***

注：*** 、* 分别代表在 1% 、10% 的统计水平上显著，括号内为稳健标准误。

2. 基于倾向得分匹配法的再估计

虽然反向因果是本书主要的内生性来源，但依然不能忽视自选择的问题。利用倾向得分匹配法（PSM）重新估计农地确权对农业生产效率的影响。将表 4 – 1 中的控制变量纳入模型以保证可忽略性假设得到满足，并使用 Logit 模型估计倾向得分值。由于不同匹配方法无优劣之分且均会存在一定测算误差，若使用多种匹配方式后获得的结果具有一致性，则意味着匹配结果稳健，样本有效性良好（陈强，2014），因此，为增强研究结论的可靠性，同时采用最近邻匹配、核匹配和半径匹配三种匹配策略估计农地确权的平均处理效应（ATT）。

表 4 - 6 汇报了基于 PSM 模型的估计结果。结果显示，完成农地确权在 1% 的显著性水平上抑制农户家庭农业生产纯技术效率，在 1% 的显著性水平上促进农户规模效率实现。这与基准回归中的估计结果一致。但是，对于综合效率的 PSM 估计结果显示，农地确权并未表现出对综合效率的一致性影响。结合基准回归、稳健性检验的估计结果我们可以得出基本的判断，农地确权对农户农业生产综合效率的正效应并不稳健，实际上表达为确权的综合效率影响并不明确。

表 4 - 6 基于 PSM 模型的估计结果

变量	匹配方式	ATT	t
综合效率	最近邻匹配	0.006	0.930
	核匹配	0.009	1.540
	半径匹配	0.010 *	1.600
纯技术效率	最近邻匹配	- 0.049 ***	- 7.550
	核匹配	- 0.040 ***	- 6.130
	半径匹配	- 0.040 ***	- 6.140
规模效率	最近邻匹配	0.058 ***	7.220
	核匹配	0.046 ***	5.770
	半径匹配	0.048 ***	5.950

注：*** 、* 分别代表在 1% 、10% 的统计水平上显著。

3. 基于工具变量法的再估计

从理论上说，集聚层数据是合格的工具变量，在以往文献中较多使用，但集聚层数据可能会引入噪声。因此，本书进一步在工具变量选取上做出努力。本节使用的工具变量是"是否试点省 × 村庄近两年是否进行换届选举"。其中，"是否试点省"主要参考 Kemper 等（2015）的做法，他们在研究越南农地确权时，利用越南农地确权各省实施确权时间的先后作为农户是否获得确权证书的工具变量。"村庄近两年是否进行换届选举"，主要参考 Giles 和 Mu（2018）的文章。不过该工具变量在本书的应用中可能存在的问题是，如果所在省份尚未进行农地确权，那么无论是否选举都不会影响到农地确权政策的执行情况，因此该工具变量可能是一个弱工具变量。本章利用这两个变量的交互项作为工具变量。

农户能否获得农地承包经营权证书的关键在于其所在村庄是否开展了农地确权工作和村干部对农地确权工作的落实情况。对于在农地确权试点省的村庄，该村庄进行农地确权的可能性会更高，农户获得承包经营权证书的可能性也更高。在落实方面，对于任期将满的村干部，即使不进行农地确权后面被追责的可能性也不大，因为工作任务可能延续到下一任村干部，新上任的村干部的积极性可能更高，刚换届的村庄推进农地确权的速度可能更快。因此工具变量和农地确权是相关的。而所在省份是不是农地确权的试点省，主要取决于通过影响农户获得承包经营权证书而影响农户的生产行为；各个村庄选举具有固定的周期和流程，是农村日常生活的一环，相对而言是外生的，尤其是在控制村庄固定效应之后，不会对农户的生产行为产生直接影响。因此，该工具变量符合相关性和排他性假设，是一个合适的工具变量。

表4-7的估计结果显示，农地确权依然对农户农业生产的综合效率具有显著的提升作用，农地确权显著抑制农户农业生产纯技术效率，显著提高农户农业生产的规模效率。这一结果也与基准回归中一致，从而表明本章的回归结果稳健可信。

表4-7　　农地确权对农户农业生产效率的影响：替换工具变量

变量	综合效率	纯技术效率	规模效率
	模型5-1	模型5-2	模型5-3
农地确权	0.501**	-0.691*	2.070**
	(0.240)	(0.373)	(0.923)
家中是否有大型农具	0.057*	-0.060	0.191*
	(0.031)	(0.043)	(0.105)

续表

变量	综合效率	纯技术效率	规模效率
	模型 5 - 1	模型 5 - 2	模型 5 - 3
家庭成员平均年龄	0.000 (0.000)	0.000 (0.000)	0.000 (0.001)
家庭成员受教育程度	0.000 (0.000)	0.001 (0.001)	- 0.002 (0.001)
家庭女性比	0.000 (0.000)	0.000 (0.000)	0.000 (0.001)
村庄非农经济	0.119 *** (0.021)	0.128 *** (0.029)	0.031 (0.070)
村庄统一灌溉排水服务	0.013 (0.018)	- 0.037 (0.026)	0.075 (0.065)
村庄统一购买 生产资料服务	- 0.080 *** (0.025)	0.019 (0.036)	- 0.197 ** (0.091)
村庄统一提供生产技术培训服务	- 0.016 (0.018)	0.034 (0.025)	- 0.049 (0.063)
省份虚拟变量	控制	控制	控制
常数项	0.104 (0.109)	0.805 *** (0.151)	- 0.290 (0.372)
观测值	3886	3886	3886
第一阶段的估计系数	0.072 ** (0.031)	0.072 ** (0.031)	0.072 ** (0.031)
Under - identification test	44.62 **	44.62 **	44.62 **
Weak Ⅳ test	44.29	44.29	44.29
DWH test	4.805 **	8.318 ***	53.684 ***

注: ***、**、* 分别代表在 1%、5%、10% 的统计水平上显著，括号内为稳健标准误。

4. 基于 2017 年河南小麦区农户调查数据的再检验

本书课题组于 2017 年分两批对河南省 6 个县进行了农户和村庄

问卷的调研。第一批调研时间为 2017 年 6 月，选取小麦播种面积大
且处于典型中原地貌的正阳县作为代表县。根据各乡（镇）所属村
的村人均纯收入等指标在正阳县抽取了 10 个乡（镇），每个乡
（镇）抽取 5 个村，每个村随机抽取 40 户样本户，共计 2000 个样本
户，回收有效问卷 1914 份。第二批调研时间为 2017 年 7 月，按照
分层抽样原则，根据地理位置、农村居民人均可支配收入、小麦播
种面积指标在河南省五个区域（豫南、豫东、豫中、豫北、豫西）
各选取一个县，分别为驻马店市上蔡县（豫南）、开封市杞县（豫
东）、漯河市舞阳县（豫中）、安阳市安阳县（豫北）、洛阳市新安
县（豫西）。每个县按照经济发展水平五等分所有乡（镇），每份随
机抽取一个，得到 5 个样本镇。同样，样本镇中按照经济水平将所
有村庄分为两组，每组随机抽取一个样本村，得到 2 个样本村。每
村随机抽取 40 户，共计 2000 个样本户，最终获取有效问卷
2000 份。

　　课题组最终获得的总有效样本为 3914 户。考虑到本书的分析
对象为小麦种植户，根据前面介绍的方法，测度了 3159 户小麦种
植户的农业生产效率。参照本章的基准回归的模型设计，本节的
估计模型除农地确权变量外，还进一步控制了农户家庭劳动力占
比、家庭成员平均年龄、家庭女性比、接受过农业技术培训占比、
农机外包服务占比等家庭层面的变量，并进一步控制了村庄的虚
拟变量。

　　表 4 - 8 的估计结果显示，在河南小麦区，农地确权并未对农户
的农业生产综合效率产生明确的影响，值得注意的是，农地确权诱
发了农户农业生产纯技术效率的损失，同时提高了农户农业生产的
规模效率。这一结果与使用 2016 年全国代表性数据的估计结果是一
致的。不仅证明了本章估计结果具有可信性，同时农业生产纯技术
效率耗散这一现象再一次在地方性数据中得以呈现，因此有必要对
这一现象作出进一步的探讨和研究。

表 4 - 8　　　　　农地确权对农户农业生产效率的影响：基于河南
小麦区数据的考察

变量	综合效率	纯技术效率	规模效率
	模型 6 - 1	模型 6 - 2	模型 6 - 3
农地确权	- 0.014	- 0.024 **	0.020 *
	(0.011)	(0.012)	(0.012)
家庭劳动力占比	0.001	- 0.009 ***	0.010 ***
	(0.002)	(0.002)	(0.002)
家庭成员平均年龄	0.000	0.001 ***	- 0.001 ***
	(0.000)	(0.000)	(0.000)
家庭女性比	0.010	- 0.009	0.025 **
	(0.009)	(0.012)	(0.011)
接受过农业技术培训占比	0.013	0.011	0.013
	(0.011)	(0.012)	(0.013)
农机外包服务占比	0.000	0.000 *	0.001 **
	(0.000)	(0.000)	(0.000)
村庄虚拟变量	控制	控制	控制
常数项	0.194 ***	0.325 ***	0.659 ***
	(0.042)	(0.045)	(0.053)
观测值	3159	3159	3159
R^2	0.633	0.548	0.800

注：*** 、** 、* 分别代表在1%、5%、10%的统计水平上显著，括号内为稳健标准误。

四　进一步分析

1. 农地确权与农业生产效率：农户专业化视角

随着家庭联产承包责任制的普遍实行和农业经济的蓬勃发展，我国农村逐步出现了一批农业生产专业户，农业生产专业户是要素市场中的重要参与者和实践者，并且从事农业专业经营的农业生产专业户一般具备专业化水平与较高的资金管理水平、经营管理才能。这意味着，对于农户而言，其中农业生产专业户可能在生产效率上与普通农户具有差别。特别是农业生产的纯技术效率，农业生产专业户所具有的较高的经营管理水平决定了其纯技术效率耗散程度可能更低。基于此，本章利用 CLDS 问卷中"您家是否为农业生产专业户"的问项结果界定出普通农户和农业生产专业户，进一步考察农地确权对两类农户的农业生产效率的影响差异。

从表4－9可以发现：农地确权均会提高农业生产专业户和普通农户农业生产的综合效率和规模效率提高。从农业生产的综合效率情况来看，农地确权对农业生产专业户的提升作用要高于对普通农户的作用，但在农地确权带来的规模效率提升方面，农业生产专业户不如普通农户。

表4－9　　基于农户专业化视角的农地确权对农业生产效率的影响

变量	农业生产专业户			普通农户		
	综合效率	纯技术效率	规模效率	综合效率	纯技术效率	规模效率
	模型 7－1	模型 7－2	模型 7－3	模型 7－4	模型 7－5	模型 7－6
农地确权	0.034***	0.014	0.030**	0.026***	－0.044***	0.046***
	(0.010)	(0.010)	(0.012)	(0.006)	(0.006)	(0.008)
家中是否有大型农具	－0.016	－0.093***	0.071*	0.025	－0.061***	0.065***
	(0.031)	(0.031)	(0.043)	(0.018)	(0.018)	(0.023)
家庭成员平均年龄	－0.001***	－0.001***	0.000	0.000*	－0.001***	0.000
	(0.000)	(0.000)	(0.000)	(0.000)	(0.000)	(0.000)
家庭成员受教育程度	0.000	0.000	0.000	0.000	0.000	0.001***
	(0.000)	(0.000)	(0.000)	(0.000)	(0.000)	(0.000)
家庭女性比	0.000	0.000	0.000	0.000	0.000	0.000
	(0.000)	(0.000)	(0.000)	(0.000)	(0.000)	(0.000)
村庄非农经济	0.076***	0.063***	0.053***	0.092***	0.098***	0.080***
	(0.013)	(0.012)	(0.015)	(0.008)	(0.009)	(0.010)
村庄统一灌溉排水服务	－0.056***	－0.027**	－0.071***	－0.030***	0.004	－0.048***
	(0.011)	(0.011)	(0.013)	(0.007)	(0.006)	(0.008)

变量	农业生产专业户			普通农户		
	综合效率	纯技术效率	规模效率	综合效率	纯技术效率	规模效率
	模型 7 − 1	模型 7 − 2	模型 7 − 3	模型 7 − 4	模型 7 − 5	模型 7 − 6
村庄统一购买生产资料服务	− 0. 104 ***	0. 017	− 0. 152 ***	− 0. 075 ***	− 0. 016	− 0. 122 ***
	(0. 012)	(0. 014)	(0. 016)	(0. 008)	(0. 010)	(0. 012)
村庄统一提供生产技术培训服务	0. 004	− 0. 020 *	0. 036 ***	0. 004	− 0. 005	0. 033 ***
	(0. 010)	(0. 011)	(0. 012)	(0. 006)	(0. 007)	(0. 008)
省份虚拟变量	控制	控制	控制	控制	控制	控制
常数项	0. 205 ***	0. 503 ***	0. 347 ***	0. 190 ***	0. 522 ***	0. 370 ***
	(0. 034)	(0. 032)	(0. 036)	(0. 022)	(0. 015)	(0. 026)
观测值	2557	2557	2557	3617	3617	3617
R^2	0. 266	0. 282	0. 251	0. 175	0. 171	0. 196

注: *** 、 ** 、 * 分别代表在 1% 、 5% 、 10% 的统计水平上显著, 括号内为稳健标准误。

特别需要关注的是, 农地确权对农户农业生产纯技术效率的影响情况。农地确权会带来普通农户农业生产纯技术效率的耗散, 这一估计结果与基准回归中的结果是一致的。但对于农业生产专业户而言, 农地确权并未表现出对农业生产纯技术效率的抑制效应。这与前面的推断一致, 正是由于农业生产专业户所具有的高于普通农户的经营管理水平和资金技术管理与应用能力, 农地确权对纯技术效率的耗散影响并未在农业生产专业户中有所表达。

2. 农地确权与农业生产效率: 农机服务的视角

科技革命的红利使农业机械逐步在中国农村得以应用, 农业机械作为技术要素, 具有集约化、标准化和高效化的农业生产优势。这意味着, 在机械化服务条件不同的村庄, 农地确权对于农户农业生产效率的影响也可能存在差异, 从而有必要考虑农机服务的异质性影响。

但农业可分为自购农机开展的自我服务和农机社会化服务, 自购农机进行生产对于传统小农户而言具有一定的技术门槛, 农机社会服务的蓬勃发展成为小农户与现代农业有机衔接的重要推手。本章首先根据"村庄是否统一提供机耕服务"进行进一步的分组估计。

表 4 - 10 的估计结果显示，在可以享受村庄统一机耕服务的农户家庭，农地确权显著抑制农户农业生产综合效率，而不统一提供机耕服务的村庄农户家庭，农地确权将促进农业生产综合效率的提高。统一提供机耕服务的村庄农户反而会出现农地确权对综合效率的抑制效应。

表 4 - 10　　　　　　　　　基于村庄农机服务的异质性分析

变量	村庄统一提供机耕服务			村庄不统一提供机耕服务		
	综合效率	纯技术效率	规模效率	综合效率	纯技术效率	规模效率
	模型 8 - 1	模型 8 - 2	模型 8 - 3	模型 8 - 4	模型 8 - 5	模型 8 - 6
农地确权	- 0. 054 ***	- 0. 297 ***	0. 159 ***	0. 046 ***	- 0. 110 ***	0. 151 ***
	(0. 020)	(0. 024)	(0. 026)	(0. 013)	(0. 013)	(0. 017)
家中是否有大型农具	0. 018	- 0. 031	0. 059	- 0. 019	- 0. 086 ***	0. 052 *
	(0. 033)	(0. 041)	(0. 044)	(0. 020)	(0. 022)	(0. 027)
家庭成员平均年龄	- 0. 001	- 0. 001 ***	0. 000	0. 000	- 0. 001 **	0. 000
	(0. 000)	(0. 000)	(0. 000)	(0. 000)	(0. 000)	(0. 000)
家庭成员受教育程度	0. 000 **	0. 001 **	0. 000	0. 000	0. 000	0. 000
	(0. 000)	(0. 000)	(0. 000)	(0. 000)	(0. 000)	(0. 000)
家庭女性比	0. 000	0. 000	0. 000	0. 000	0. 000	0. 000
	(0. 000)	(0. 000)	(0. 000)	(0. 000)	(0. 000)	(0. 000)
村庄非农经济	- 0. 013	0. 030 **	- 0. 062 ***	0. 177 ***	0. 104 ***	0. 160 ***
	(0. 012)	(0. 015)	(0. 016)	(0. 009)	(0. 010)	(0. 012)
村庄统一灌溉排水服务	0. 044 ***	0. 137 ***	- 0. 023	- 0. 038 ***	- 0. 042 ***	- 0. 033 ***
	(0. 011)	(0. 014)	(0. 015)	(0. 007)	(0. 008)	(0. 010)
村庄统一购买生产资料服务	- 0. 095 ***	- 0. 030 *	- 0. 117 ***	- 0. 092 ***	- 0. 043 ***	- 0. 138 ***
	(0. 014)	(0. 018)	(0. 019)	(0. 015)	(0. 016)	(0. 020)
村庄统一提供生产技术培训服务	0. 110 ***	0. 164 ***	0. 053 ***	- 0. 028 ***	- 0. 054 ***	0. 020 **
	(0. 013)	(0. 016)	(0. 017)	(0. 007)	(0. 008)	(0. 009)

续表

变量	村庄统一提供机耕服务			村庄不统一提供机耕服务		
	综合效率	纯技术效率	规模效率	综合效率	纯技术效率	规模效率
	模型 8 – 1	模型 8 – 2	模型 8 – 3	模型 8 – 4	模型 8 – 5	模型 8 – 6
省份虚拟变量	控制	控制	控制	控制	控制	控制
常数项	0.084 **	0.341 ***	0.327 ***	0.425 ***	0.655 ***	0.621 ***
	(0.041)	(0.051)	(0.055)	(0.020)	(0.021)	(0.027)
观测值	1786	1786	1786	4388	4388	4388

注: ***、**、* 分别代表在1%、5%、10%的统计水平上显著, 括号内为稳健标准误。

其可能的原因是, 村庄统一提供机耕服务是在统一的时间约束下, 具有一定的使用受限性, 会压缩农户生产自由度, 在因地制宜的生产环境中必然造成效率的损失。而在没有外部村庄机耕服务的情境下, 农户会进行内部的农机自我服务或农机外包服务, 提高农业生产的灵活度。

表 4 – 10 中的模型 8 – 2 与模型 8 – 5 也验证了此解释。统一提供机耕服务村庄的农户, 农地确权对其农业生产纯技术效率的抑制作用明显更大, 表明村庄统一提供机耕服务显著抑制了 "农户智慧"。接下来进一步验证农户内部的主动性农机服务对农业生产效率的影响。

为估计农户主动寻求的农机服务对农业生产效率的影响, 本书根据农机自我服务、农机外包服务①进行分组估计。表 4 – 11 的估计结果显示, 在农户内部的主动性农机服务中, 农地确权对综合效率都有正向影响, 对纯技术效率与规模效率的影响没有显著差异。但是选择农机自我服务的农户家庭, 农地确权将显著提升农户农业生

————————

① 在 2016 年的 CLDS 问卷中, 农户家庭机械化耕种工具所有权被区分为全部自家购买、和别人共同购买、全部租用、借用他人或集体、部分自家拥有部分租用或借用、部分自家拥有部分和别人共同拥有。本书将全部自家购买、和别人共同购买、部分自家拥有部分租用或借用、部分自家拥有部分和别人共同拥有归类为农机自我服务, 其余归类为农机外包服务。

产综合效率，选择农机外包服务的农户，农地确权对综合效率的影响并未通过显著性检验。由此可以判断，在农地确权会带来规模效率提升的情境下，农户选择农机自我服务比选择农机外包服务更有效率。

表 4 - 11　　　　　**基于农机自我服务与外包服务的异质性分析**

变量	农机自我服务			农机外包服务		
	综合效率	纯技术效率	规模效率	综合效率	纯技术效率	规模效率
	模型 9 - 1	模型 9 - 2	模型 9 - 3	模型 9 - 4	模型 9 - 5	模型 9 - 6
农地确权	0.031 **	− 0.137 ***	0.131 ***	0.018	− 0.137 ***	0.136 ***
	(0.013)	(0.014)	(0.017)	(0.011)	(0.012)	(0.015)
家中是否有大型农具	− 0.013	− 0.076 ***	0.047 *	− 0.022	− 0.071 **	− 0.022
	(0.019)	(0.021)	(0.024)	(0.030)	(0.033)	(0.039)
家庭成员平均年龄	− 0.001 **	− 0.001 ***	0.000	0.000 *	− 0.001 ***	0.000
	(0.000)	(0.000)	(0.000)	(0.000)	(0.000)	(0.000)
家庭成员受教育程度	0.000	0.000	0.000	0.000	0.000	0.000 **
	(0.000)	(0.000)	(0.000)	(0.000)	(0.000)	(0.000)
家庭女性比	0.000	0.000	0.000	0.000	0.000	0.000
	(0.000)	(0.000)	(0.000)	(0.000)	(0.000)	(0.000)
村庄非农经济	0.124 ***	0.103 ***	0.083 ***	0.121 ***	0.104 ***	0.082 ***
	(0.009)	(0.009)	(0.011)	(0.008)	(0.008)	(0.010)
村庄统一灌溉排水服务	− 0.019 ***	− 0.016 **	− 0.007	− 0.030 ***	− 0.005	− 0.038 ***
	(0.007)	(0.008)	(0.009)	(0.006)	(0.007)	(0.008)
村庄统一购买生产资料服务	− 0.100 ***	− 0.014	− 0.141 ***	− 0.089 ***	− 0.003	− 0.128 ***
	(0.012)	(0.013)	(0.015)	(0.011)	(0.012)	(0.014)
村庄统一提供生产技术培训服务	− 0.020 ***	− 0.023 ***	0.005	− 0.009	− 0.010	0.013
	(0.008)	(0.008)	(0.010)	(0.007)	(0.007)	(0.009)
省份虚拟变量	控制	控制	控制	控制	控制	控制
常数项	0.424 ***	0.648 ***	0.614 ***	0.409 ***	0.624 ***	0.608 ***
	(0.021)	(0.022)	(0.027)	(0.019)	(0.021)	(0.025)
观测值	2526	2526	2526	1862	1862	1862

注：***、**、*分别代表在1%、5%、10%的统计水平上显著，括号内为稳健标准误。

3. 农地确权与农业生产效率：劳动力外出务工服务的视角

前面的估计结果验证了农地确权显著抑制农户农业生产纯技术效率，本书的解释主要基于外部要素投入增加与农户内部经营管理能力的不匹配。进一步地，农户家庭劳动力的非农转移引致的家庭类型的转变是否会在农地确权对农户农业生产效率影响中发挥作用，本章首先根据村庄是否有劳动力外出务工服务进行分组估计。

表4-12的估计结果显示，有外出务工服务的村庄农户，农地确权均在1%的水平上显著促进农户农业生产的综合效率、纯技术效率和规模效率。而无外出务工服务的村庄农户，农地确权对综合效率影响并未通过显著性检验，在1%的水平上显著抑制纯技术效率，同时，农地确权对规模效率的影响明显小于有外出务工服务组。可能的原因是，村庄提供外出务工服务将引致更多的农村劳动力非农转移，而更多选择以机械替代劳动力进行农业生产。作为农业生产经营的主体，农户对机械型技术要素的扩散应用将导致纯技术效率的提升和规模的进一步优化。而这种农机服务更多是主动性的，根据表4-12的估计结果，将强化农地确权对综合效率的驱动作用。而劳动力非农转移导致的兼业化，将出现城市知识的溢出效应，更多引入城市先进管理经验，提升农业生产纯技术效率。下面将进一步估计劳动力非农转移引致的家庭类型改变对农地确权效率影响发挥的作用。

表4-12　　　　　　　基于村庄外出务工服务的异质性分析

变量	村庄有劳动力外出务工服务			村庄无劳动力外出务工服务		
	综合效率	纯技术效率	规模效率	综合效率	纯技术效率	规模效率
	模型10-1	模型10-2	模型10-3	模型10-4	模型10-5	模型10-6
农地确权	0.394 ***	0.215 ***	0.341 ***	0.007	-0.139 ***	0.120 ***
	(0.067)	(0.058)	(0.077)	(0.011)	(0.012)	(0.014)
家中是否有大型农具	0.012	-0.054	0.093	-0.005	-0.074 ***	0.055 **
	(0.053)	(0.046)	(0.061)	(0.019)	(0.021)	(0.025)

续表

变量	村庄有劳动力外出务工服务			村庄无劳动力外出务工服务		
	综合效率	纯技术效率	规模效率	综合效率	纯技术效率	规模效率
	模型 10 - 1	模型 10 - 2	模型 10 - 3	模型 10 - 4	模型 10 - 5	模型 10 - 6
家庭成员 平均年龄	-0.002 ** (0.001)	-0.002 ** (0.001)	-0.001 * (0.001)	0.000 * (0.000)	-0.001 *** (0.000)	0.000 (0.000)
家庭成员 受教育程度	-0.001 *** (0.000)	0.000 (0.000)	-0.002 *** (0.001)	0.000 (0.000)	0.000 (0.000)	0.001 *** (0.000)
家庭女性比	0.000 (0.001)	-0.001 (0.000)	0.001 * (0.001)	0.000 (0.000)	0.000 (0.000)	0.000 (0.000)
村庄非农经济	0.059 ** (0.026)	0.105 *** (0.023)	0.047 (0.030)	0.109 *** (0.008)	0.085 *** (0.009)	0.063 *** (0.011)
村庄统一 灌溉排水服务	0.101 *** (0.023)	0.101 *** (0.020)	0.098 *** (0.027)	-0.043 *** (0.006)	-0.023 *** (0.007)	-0.047 *** (0.008)
村庄统一购买 生产资料服务	-0.202 *** (0.025)	-0.038 * (0.022)	-0.300 *** (0.029)	-0.069 *** (0.013)	0.003 (0.015)	-0.082 *** (0.018)
村庄统一提供生产 技术培训服务	0.220 *** (0.071)	0.363 *** (0.062)	-0.167 ** (0.081)	-0.012 * (0.007)	-0.019 ** (0.007)	0.022 ** (0.009)
省份虚拟变量	已控制	已控制	已控制	已控制	已控制	已控制
常数项	-0.212 * (0.112)	-0.008 (0.098)	0.391 *** (0.129)	0.412 *** (0.019)	0.626 *** (0.021)	0.618 *** (0.024)
观测值	888	888	888	5286	5286	5286

注：*** 、** 、* 分别代表在1% 、5% 、10% 的统计水平上显著，括号内为稳健标准误。

本书借鉴 Deininger 等（2014）的研究思路，依据家庭是否拥有农业收入和非农业收入，将农户分为全职农民、兼职农民两种类型，并进一步根据家庭中农业收入与非农收入的多寡将兼职农民分为兼职程度低的农民和兼职程度高的农民。其中，全职农民是指仅拥有农业收入的家庭，兼职程度低的农民是指农业收入多于非农收入的家庭，兼职程度高的农民是指农业收入少于非农收入的家庭。表 4 - 13 中，模型 11 - 1 和模型 11 - 2 的估计结果显示，全职农民家庭与兼职程度低的家庭，农地确权均在 1% 水平上显著抑制农户农业生产纯技术效率。模型 11 - 3 的估计结果显示，兼职程度高的农民，农地确权在 1% 的水平上显著促进农户农业生产纯技术效率的提高。从而验证上文的猜想，全职农民与兼职程度低的农民农地经营管理水平无法与农地确权带来的要素投入结构改变相匹配。而兼职程度高的农民具有更高的农地经营水平和技术要素应用能力。

表 4 - 13   基于农户家庭类型的异质性分析

变量	全职农民	兼职程度低的农民 （农业收入 > 非农收入）	兼职程度高的农民 （农业收入 < 非农收入）
	纯技术效率		
	模型 11 - 1	模型 11 - 2	模型 11 - 3
农地确权	- 0.097 *** (0.020)	- 0.092 *** (0.020)	0.118 *** (0.028)
家中是否有大型农具	- 0.052 * (0.028)	- 0.030 (0.034)	- 0.050 (0.055)
家庭成员平均年龄	0.000 (0.000)	- 0.001 (0.001)	- 0.001 ** (0.001)
家庭成员受教育程度	0.000 (0.000)	0.000 (0.000)	0.000 (0.000)
家庭女性比	0.000 (0.000)	0.000 (0.000)	0.000 (0.000)
村庄非农经济	0.111 *** (0.015)	0.077 *** (0.015)	0.099 *** (0.015)
村庄统一灌溉排水服务	0.005 (0.011)	0.012 (0.012)	- 0.011 (0.014)
村庄统一购买 生产资料服务	- 0.055 ** (0.023)	- 0.028 (0.020)	- 0.008 (0.022)

续表

变量	全职农民	兼职程度低的农民 （农业收入 > 非农收入）	兼职程度高的农民 （农业收入 < 非农收入）
		纯技术效率	
	模型 11 - 1	模型 11 - 2	模型 11 - 3
村庄统一提供生产 技术培训服务	-0.008 (0.012)	-0.013 (0.013)	-0.023 (0.014)
省份虚拟变量	控制	控制	控制
常数项	0.514 *** (0.036)	0.572 *** (0.044)	0.720 *** (0.045)
观测值	2007	1499	1380

注：***、**、* 分别代表在 1%、5%、10% 的统计水平上显著，括号内为稳健标准误。

第四节　小结

　　农地产权制度与农业生产效率之间的关系一直以来受到学术界的高度关注。其主流观点为明确且稳定的农地产权将有助于提升生产效率。但旨在维护地权稳定与安全的农地确权政策确实发挥出人们所预期的效率价值了吗？本章基于 2016 年中国劳动力动态调查数据，实证分析了农地确权对农户农业生产效率的影响。

　　（1）总体上，农地确权将显著提高农户农业生产的规模效率，显著抑制农户农业生产纯技术效率，但对综合效率的正向显著影响并不稳健。

　　（2）从农户农业生产的专业化角度来看，特别是在对农业生产纯技术效率的影响上，农业生产专业户因经营管理水平上的优势使农地确权表现出对于纯技术效率的显著激励作用。

　　（3）村庄统一提供的外部农机服务会造成农业生产效率耗散，农户内部的农机服务是有效率的，并且在规模化情境下，农户家庭的农机自我服务效率强于外包服务。

（4）劳动力非农转移引致的农户家庭兼业化程度加深将会带来农户农业生产纯技术效率的提高。本书指出，农地确权背景下，全职农民并不具备与生产要素改变相匹配的农地经营管理水平和技术要素应用能力。

基于以上结论可知，农地确权对农户农业生产效率的影响是多重的。从本书的估计结果来看，农地确权会显著提高一部分的农业生产效率，但也会导致部分效率的损失。本书更感兴趣的问题是：农地确权带来的农业生产规模优化理应带来的综合效率提高是因何导致了自身部分效率的损失？本书的估计结果已经显示，农地确权引致的农户纯技术效率降低是效率损失的最主要原因。因而，以上问题就转变为：为什么农地确权对农户农业生产的纯技术效率具有显著负效应？可能的原因如下。

其一，农业生产外部条件与农户农业生产的内部条件不匹配。机械化条件改善、良好的生产技术培训服务在有着一定地块规模的条件下发挥着规模经济效益，但是农户家庭内部并没有与外部条件相匹配的农地经营、技术要素使用和资金管理水平。这也许是产生农地确权的纯技术效率抑制效应的原因之一。

其二，不同的农户家庭拥有不同的农业生产与非农就业的比较优势，家庭内部不同劳动力之间同样存在留村务农与外出务工的比较优势。农地确权加速分离了不同比较优势的劳动力分工，加剧了农户在不同比较优势之间作出选择，具有外出务工比较优势的劳动力将进行非农转移，这部分劳动力由学历水平较高、年龄结构较小的劳动力组成，农地确权带来的地权稳定性增强促使其转出土地、外出务工甚至逐步退出农业生产，这部分劳动力的非农转移也带走了农村劳动力中学习能力最强的精壮部分，致使先进的经营管理知识更加难以应用到农村农业经营中，导致农业生产的纯技术效率抑制效应。

通过本章的研究，可以得到以下四点政策启示。

第一，农地确权总体上对提升农户农业生产效率是有利的，因此政府在推进农地政策，特别是农地确权政策时要避免"确空权"问题，严格把控确权之后的土地私自调整，真正给予农民实实在在的产权，稳定农民的产权预期、保障农民土地收益。

第二，政府应加强对农户进行规模经营管理、资金管理等的专业培训，以使农业生产的农户内部条件与外部条件相匹配。特别是重视对新型职业农民的培育，形成一支具有较高农业经营管理水平、能够适应产权制度改革带来的农村环境和农业经营方式改变的农业生产专业人才队伍。

第三，积极推进农户农机自我服务机制建设，积极引导小农户参与农机社会化分工经济，实现小农与现代农业的有机衔接。同时鼓励专业化种植，增加服务外包的市场容量，降低外包服务成本；对规模经营主体自购农机进行财政补贴，大力提倡规模户自购农机进行自我服务，大力推进社会化农机服务和技术托管服务。

第四，人才是发展的第一要义，人才也是提高农业生产效率的关键变量。政府应积极倡导有着丰富农业规模化经营知识、资金配置管理经验的外出务工者返乡就业、创业，将先进的技术使用经验、管理知识带回农村。

第 五 章

农地确权、调整经历与
农业生产纯技术效率

从本书第三章和第四章的分析可以发现一个特殊的现象,即农地确权诱发了农户农业生产纯技术效率的损失,并初步探索了可能产生此现象的原因。在第三章的理论分析中诠释了农地确权带来农业生产纯技术效率耗散的产权逻辑。事实上,农地产权安全性之所以能够提高农民的农业生产积极性、激励农业投资,带来农业生产效率的提升,最主要的原因在于其对农地投资和经营性的努力具有安全保障效应,即降低农地投资和所付出的经营性努力遭受损失的风险,稳定农民的农业经营预期。

2009 年开始试点并于 2013 年全面推进的农村土地承包经营权确权登记颁证政策,一直被人们视为维护地权稳定与产权安全最为重要的制度安排。事实上,国家试图通过"增人不增地,减人不减地"的农民土地权利固化和土地承包权"四至"的空间划定,旨在强化土地排他性,稳定农户预期,提高农地产权安全性,以期诱导农民的长期投资与生产行为,优化资源配置。

但为何同样的农地确权政策在不同的国家、相同国家的不同实施阶段和实施情境中,对农户农业生产效率的影响并不一致?主流文献的解释还是归结为地权安全性的差异。特别是对于中国农村而言，从农业社会主义改造以来，无论是合作社改革还是人民公社时期，地权模糊和农民产权弱化都长期是中国地权制度的主要特征，即使农村改革后，家庭联产承包责任制实施，"均包制"带来的农村地权的频繁变更也在中国农村曾一度长期存在。可以说，新中国成立以来的中国地权制度改革是一部产权模糊的历史。而此时实行农地确权政策也并不能"立竿见影"实现农民产权安全性感知的强化。地权频繁调整的经历会降低农户的农地产权安全性感知，诱发农户对农地确权政策的不信任，削弱其稳定性预期，形成部分确权效率损失。因此，农地确权对农户农业生产效率的影响具有情境依赖性。但是，在以往研究中，叶剑平等（2006）、黄季焜等（2008）以及林文声等（2018）的研究，均先验地将农地调整视为产权不安全的表现，由于将调整经历刻画为农户的产权安全感知，从而判断：无农地调整经历的农户的地权安全性感知最高，因而这部分农户将是农地确权政策响应中最具潜在效率的群体，且随着调整程度的加深，经历过农地小调整和大调整农户的产权安全性感知将与确权效率同步下降，呈现线性变化的趋势。

这一解释并不完全具有合理性。一般而言，行为主体所经历的事件使其形成先验态度（McGuire，1964）。这意味着，将未经历农地调整的农户定义为原有产权安全性最高的判断并不准确。行为经济学和行为心理学认为，行为主体的行为并非独立选择的，而是嵌入社会网络受到周围群体信念、价值观及其认知的影响，尤其当行为主体对情境缺乏把握时，通常会参照、模仿周围群体的信念、认知和行为选择（阿德莱德，1987）。因此，未经历过农地调整农户的产权安全感知因社会网络渗透而无法确定。显然，单一地从地权安全感知视角讨论农地确权的经济绩效，可能导致研究结论的不一致。

上述研究缺陷将使土地调整历史情境对农地确权经济绩效的分析遇到理论挑战：由于无农地调整经历农户的特殊性，农地调整与农地确权效率决定之间的关系，或许并非线性变化而可能呈现多重均衡。因此，本章基于农地确权实施的历史情境，构建"农地确权—调整经历—行为响应—经济效率"的分析框架，基于本书第三章的理论逻辑，从国家和集体自上而下的制度安排视角重新诠释农地调整和土地确权的制度内涵，为前期农地调整经历如何影响后期农地确权的农户行为响应寻求逻辑一致的解释，由此揭示不同农地调整经历的确权农户农业生产效率的实现机理。通过本章的分析，将揭示农地确权诱发农户农业生产纯技术效率耗散的产权逻辑。

第一节　数据来源与变量设置

一　数据来源

根据第三章的理论分析可知，农地确权对农户的农业生产效率的影响受到地权不稳定经历的影响，不同的农地调整经历带来确权后农户农业生产积极性、农业经营性努力和改善农业经营管理水平积极性的不同，农业生产纯技术效率也出现差异。本章依然使用2016年中国劳动力动态调查（CLDS）数据集，CLDS数据中包含了家庭农地确权、村庄农地调整等信息。在剔除非农村居民和主要变量数据缺失严重的样本后，使用的有效样本为6174个农户。此外，本章还在稳健性检验中使用了本书课题组在2015年进行的全国9省份调查数据。

二　变量设置

1. 被解释变量：农业生产纯技术效率

本章研究的核心命题是农地产权从调整到稳定对农户改善农业经营绩效的生产性努力的影响，从而揭示农地确权诱发农业生产纯技术效率耗散的产权根源。考虑到效率结构的层次性及其反映出的农业经营管理问题，使用农户的农业生产纯技术效率作为本章的被解释变量①，反映农户生产性努力程度。测算农户生产效率的指标与本书第四章一致。

2. 核心解释变量：农地确权与农地调整

本章的核心解释变量包括农地确权与农地调整。其中，农地确权使用农户是否获得农地承包经营权证书表征。农地调整从两个方面测度：其一，是否进行过调整，来自"2003 年至今，土地是否进行过调整"的问项结果；其二，农地调整的程度，参照李尚蒲和罗必良（2015）对农地小调整和大调整的划分，本书将"村组内部分农户土地小调整"和"利用村内机动土地进行调整"归为农地小调整，将"村组内土地打乱重分"归为农地大调整。需要说明的是，CLDS 数据集中农地调整变量源于村庄层面，但并不影响本书的估计结果。理由在于，中国村庄长期的聚集式定居形式和"差序格局"使村庄内部社会网络关系较强。而行为经济学理论指出，社会网络的信息传递将作用于行为主体的选择。换言之，村庄层面调整经历均会对村庄内部农户起到反向激励和内部约束作用。所不同的是，农地确权后，农户将获得国家统一颁发的证书，确权证书作为国家法律赋权的重要凭证，是农民在公共治理中保护自身土地权益或抵制非法土地侵占的重要工具。农地确权通过给农民"确实权、颁铁证"，真正让农民吃下"定心丸"（韩长赋，2015）。显然，农地确权无法通过社会网络传递增加其他未获得确权证书农户的地权"补偿"感知。因此，本书使用农户是否获得确权证书表征农地确权状况。

---

① DEA 模型可以根据农户投入产出测算出农户农业生产综合效率、纯技术效率和规模效率。其中，农业生产综合效率是对农户的资源配置能力、资源使用效率等多方面能力的综合衡量与评价；农业生产规模效率反映的是实际规模与最优规模的差距，体现农业经营规模的优化程度；农业生产纯技术效率反映的是一定规模（最优规模）投入要素的生产效率，是农户受管理和技术等因素影响的生产效率，实质反映了农户的生产性努力程度。

3. 控制变量

本章所采用数据为户级层面数据，需要对一些因素进行控制，包括：家庭特征，如家庭成员平均年龄、家庭成员受教育程度、家庭女性比；影响农户生产效率的因素，如村庄非农经济与村庄统一提供的农业生产服务（林文声等，2018），以及农户拥有的大型农机具（董莹、穆月英，2019）。此外，本章还控制了29个省份（不包括港澳台地区、西藏自治区、海南省）的区域虚拟变量。主要变量的描述性统计见表5－1。

表5－1　　　　　　　　变量定义、赋值及其描述性统计结果

变量名称		变量定义	平均值	标准差
产出指标	家庭农业总产值	农户生产农产品的总价值，单位：元，取对数	8.619	1.310
投入指标	农地经营规模	农户扣除弃耕后的土地经营面积，单位：亩，取对数	1.570	1.051
	农业经济投入	农户农业生产的总投入，单位：元，取对数	7.762	1.343
	农业生产时间	农户进行农业生产的总时间，单位：天，取对数	7.630	0.662
被解释变量	农业生产纯技术效率	基于 BBC 模型测算得到的农户农业生产纯技术效率	0.456	0.243
核心解释变量	农地确权	已确权且颁发农地承包经营权证书（是 =1，否 =0）	0.540	0.498
	农地调整	2003 年以来村庄是否发生农地调整（是 =1，否 =0）	0.198	0.554
	农地小调整	是否发生农地小调整（是 =1，否 =0）	0.125	0.330
	农地大调整	是否发生农地大调整（是 =1，否 =0）	0.019	0.138
控制变量	大型农机具	家中是否有大型农机具（有 =1，无 =0）	0.024	0.154
	家庭成员平均年龄	家庭成员平均年龄（年）	44.573	13.837

续表

变量名称	变量定义	平均值	标准差
家庭成员受教育程度	高中以上学历成员占比（%）	16.321	21.300
家庭女性比	女性成员占比（%）	47.816	17.774
村庄非农经济	村庄是否有非农经济（有=1，无=0）	0.204	0.403
村庄统一灌溉排水服务	村庄是否可享受统一灌溉排水服务（是=1，否=0）	0.402	0.490
村庄统一购买生产资料服务	村庄是否可享受统一购买生产资料服务（是=1，否=0）	0.098	0.298
村庄统一提供生产技术培训服务	村庄是否可享受统一提供生产技术培训服务（是=1，否=0）	0.674	0.469
区域虚拟变量	省份虚拟变量	—	—

（控制变量）

资料来源：笔者自制。

第二节　模型设置与内生性讨论

一　模型设置

本章旨在考察农地产权对农业生产纯技术效率的影响，以及在不同农地调整经历下，农地确权对农户农业生产纯技术效率的影响差异。首先给出未引入交互项的独立方程：

$$Y_i = \alpha_0 + \alpha_1 X_i + \alpha_2 D_i + \varepsilon_i \qquad (5-1)$$

式（5-1）识别了四组方程，其中：Y_i 为农户农业生产纯技术效率；X_i 为农地确权、农地调整、农地小调整和农地大调整；D_i 为由控制变量组成的矩阵，包括家庭特征变量、村庄变量和地区变量；α_0 为常数项，α_1 和 α_2 为待估计系数；ε_i 为误差项，并假设满足标准正态分布。

引入交互项模型的基本表达式为

$$Y_i = \alpha_0 + \alpha_1 X_{i1} + \alpha_2 X_{i2} + \alpha_3 X_{i1} X_{i2} + \alpha_4 D_i + \varepsilon_i \quad (5-2)$$

式（5-2）识别了三组方程，其中：Y_i 为农户农业生产纯技术效率；X_{i1} 为农地确权；X_{i2} 为农地无调整、小调整与大调整；X_{i1}、X_{i2} 为交互项；其余变量、参数同式（5-1）。

二 内生性讨论

需要指出的是，本章引入农地产权变量会引起内生性问题。为了有效解决内生性问题，根据已有研究（Kung，2002；Ma et al.，2013），村庄层面的农地产权指标可以用作农户个体产权特征的工具变量，因此本书使用样本农户所在村庄其他农户的农地确权均值作为农地确权的工具变量。原因在于，理论而言，由于同村内部的社会网络关系较强（李宁等，2019），村庄内其他农户的农地确权会对本户农地确权产生影响，但不会直接影响本户的农业生产纯技术效率水平，满足工具变量选择标准。同样地，差异化的农户纯技术效率水平会导致低效率农户寻租行为的产生，期望通过农地调整以换取较好的被他人精心经营的地块。纯技术效率较高的农户在农地调整中具有更强的谈判能力，农业经营能力较强的农户更倾向对地权稳定性提出要求（李尚蒲、罗必良，2015），从而导致农业生产纯效率水平差异对农户农地调整需求产生影响，存在互为因果的内生性。考虑到本章农地调整变量为村庄层面数据，因此使用县内其他村庄农地调整变量的均值作为工具变量。理论而言，同县其他村的农地调整情况会影响到本村农地调整，但和本农户的农业生产纯技术效率并不直接相关，从而满足工具变量选择标准。

除此之外，本书在稳健性检验中进一步通过倾向得分匹配法（PSM）构建"反事实"情境，有效降低样本选择偏误，解决潜在的内生性问题所导致的文章估计结果偏误。

第三节　调整经历与农地确权的
纯技术效率决定

一　基准回归结果

1. 基准回归：农地调整与确权对农业生产纯技术效率的影响

表 5-2 汇报了式（5-1）的估计结果。模型 1-1 的估计结果显示，农地确权显著抑制农户农业生产纯技术效率，导致这一结果的因素是多方面的。农地确权的效率抑制效应说明，在当前技术水平下，确权并未带来农户对农业经营管理水平的积极改善①。事实上，早有文献对农地确权的制度安排对农户生产行为的改善质疑。罗必良（2019）证明了，农地调整具有内在的发生机制，对经历过农地调整的农户，农地确权的农业生产激励效应会大打折扣。钟甫宁和纪月清（2009）的研究证明，地权强化并不必然改善农户的投资行为。基于此，至少可以判断，农地确权对农户生产性努力的激励作用是有限的，或者不能独立地发挥诱导作用。

表 5-2　　　确权政策、农地调整经历及程度与农业生产纯技术效率

变量	农业生产纯技术效率			
	模型 1-1	模型 1-2	模型 1-3	模型 1-4
农地确权	-0.038 *** (0.006)			
农地调整		0.019 *** (0.003)		

---

① 通过 DEA 模型可以计算出农户农业生产综合效率、纯技术效率和规模效率。农地确权的实施将显著促进综合效率与规模效率的实现，这与国家产权制度改革的预期是契合的。但就纯技术效率而言，确权将诱发纯技术效率耗散。

续表

变量	农业生产纯技术效率			
	模型 1 - 1	模型 1 - 2	模型 1 - 3	模型 1 - 4
农地小调整			0.006 (0.009)	
农地大调整				0.063 *** (0.014)
大型农机具	- 0.075 *** (0.017)	- 0.040 *** (0.015)	- 0.041 *** (0.015)	- 0.040 *** (0.015)
家庭成员平均年龄	- 0.001 *** (0.000)	- 0.001 *** (0.000)	- 0.001 *** (0.000)	- 0.001 *** (0.000)
家庭成员受教育程度	0.000 (0.000)	0.000 * (0.000)	0.000 * (0.000)	0.000 * (0.000)
家庭女性比	0.000 (0.000)	0.000 (0.000)	0.000 (0.000)	0.000 (0.000)
村庄非农经济	0.101 *** (0.008)	0.061 *** (0.008)	0.063 *** (0.008)	0.060 *** (0.008)
村庄统一灌溉排水服务	- 0.002 (0.006)	- 0.005 (0.006)	- 0.005 (0.006)	- 0.004 (0.006)
村庄统一购买 生产资料服务	- 0.015 (0.010)	0.003 (0.009)	0.003 (0.009)	0.001 (0.009)
村庄统一提供 生产技术培训服务	- 0.003 (0.007)	- 0.004 (0.006)	- 0.005 (0.006)	- 0.005 (0.006)
省份虚拟变量	控制	控制	控制	控制
常数项	0.523 *** (0.015)	0.468 *** (0.020)	0.469 *** (0.020)	0.469 *** (0.020)
观测值	6174	6845	6845	6845
R^2	0.143	0.172	0.170	0.171

注: *** 、* 分别代表在 1% 、10% 的统计水平上显著, 括号内为稳健标准误。

表 5 - 2 中模型 1 - 2 的估计结果显示，农地调整经历对农户农业生产纯技术效率的实现具有显著促进作用。这也印证了前文的理论判断，农地调整"约束机制"能够产生激励效应，具有引导农户积极生产的内驱力。

模型 1 - 3 与模型 1 - 4 的估计结果显示，农地小调整经历并不对农业生产的纯技术效率产生明确影响，而大调整经历将显著促进纯技术效率的改善。由于农地调整"约束机制"会造成农户家庭的租金耗散，作为应对策略，一方面，农户将积极攫取"公共领域"的租值以弥补家庭损失，这种利益攫取的内生动力随着失地预期的强化而增强；另一方面，农户将通过改善农业经营管理水平，增强农地调整博弈中的话语权和谈判能力。李尚蒲、罗必良（2015）研究发现，农业经营能力较强的农户在农地调整中拥有更强的话语权，并可能在重新分配土地中获取更大的收益，这在大调整中尤为明显。但可以判断，当农地确权与产权固化之后，表达为此类谈判力量的生产性努力将消失。

其余控制变量的影响方面：第一，拥有大型农具的农户，其农业生产纯技术效率更低。原因在于，一是大型农具对小规模农户来说并不具有资源配置的可匹配性，易于引致技术效率损失；二是大型农具具有较高的投资门槛与较强的资产专用性，既可能加剧农户农业经营资金约束，也会导致投资锁定与利用效率低下。第二，家庭成员平均年龄大将制约农业生产纯技术效率的实现。第三，村庄有非农经济将对农户纯技术效率产生显著的促进作用。显然，农业劳动力的减少和村庄富裕程度提升，会促进农地流转，改善农业规模经济性与现代生产要素的使用。

2. 农地调整经历与确权效率决定

表 5 - 3 检验了不同农地调整经历对确权效率决定的影响。为清晰识别三类农户群体，需要进一步明确刻画农户的无调整经历情境，因此设置农地无调整变量（选项赋值：无农地调整 = 1，有农地调整 = 0）。

表5-3   不同农地调整经历下农地确权效率的差异

变量	农业生产纯技术效率		
	模型2-1	模型2-2	模型2-3
农地确权	0.055 *** (0.012)	-0.007 (0.007)	
农地无调整	0.032 *** (0.004)		
农地确权×农地无调整	-0.063 *** (0.012)		
农地小调整		-0.030 ** (0.013)	
农地确权×农地小调整		0.067 *** (0.018)	0.004 (0.007)
农地大调整			0.090 *** (0.017)
农地确权×农地大调整			-0.073 *** (0.025)
家中是否有大型农具	-0.041 ** (0.016)	-0.041 ** (0.016)	-0.041 ** (0.016)
家庭成员平均年龄	-0.001 ** (0.000)	-0.001 ** (0.000)	-0.001 ** (0.000)
家庭成员受教育程度	0.000 (0.000)	0.000 (0.000)	0.000 (0.000)
家庭女性比	0.000 (0.000)	0.000 (0.000)	0.000 (0.000)
村庄非农经济	0.059 *** (0.008)	0.062 *** (0.008)	0.060 *** (0.008)
村庄统一灌溉排水服务	-0.004 (0.007)	-0.003 (0.007)	-0.003 (0.007)

续表

变量	农业生产纯技术效率		
	模型 2 – 1	模型 2 – 2	模型 2 – 3
村庄统一购买 生产资料服务	0.007 (0.010)	0.005 (0.010)	0.003 (0.010)
村庄统一提供生产技术培训服务	– 0.002 (0.007)	– 0.004 (0.007)	– 0.004 (0.007)
省份虚拟变量	控制	控制	控制
常数项	0.453 *** (0.022)	0.484 *** (0.022)	0.477 *** (0.022)
观测值	6174	6174	6174
R^2	0.178	0.176	0.175

注:***、** 分别代表在 1%、5% 的统计水平上显著,括号内为稳健标准误。

　　表 5 – 3 中模型 2 – 1 的估计结果显示,未经历过农地调整将抑制确权农户的效率。可见,在缺乏"约束机制"约束和农地"低价值"心理作用之下,"唾手可得"的农地产权并不会让农户产生与其价值相当的"珍惜"程度。模型 2 – 2 的估计结果显示,经历过农地小调整的确权农户,农业生产纯技术效率显著改善。很显然,"约束机制"的保障与"失而复得"的地权"补偿"使小调整经历的确权农户成为最有效率的农业经营主体。需要特别指出的是,与农地无调整的农户相比,大调整经历将给确权农户带来更大的效率损失。为何在单一"约束机制"下最有效率的主体却在"约束机制"与"补偿机制"下成为最不具效率的主体?可能的原因在于,在单一"约束机制"下,失地预期较为强烈的农户尽可能在有限的土地使用期内改善经营管理水平,攫取最大的"公共领域"租值。但确权后,地权边界的明晰化将减小农户短期租值攫取的行为空间,转为衡量农地确权的"补偿"是否可以弥补家庭在"约束机制"中的损失。根据社会互动理论,在地权"唾手可得"与"失而复得"的参照

下，地权"得不偿失"农户的效用水平将进一步降低。模型2－3的估计结果也验证了这一解释。这意味着，经历过农地大调整的农户，农地确权将显著制约农户农业生产纯技术效率的实现。表5－3的估计结果表明，农户所经历的农地调整的程度对确权经济效率的影响并非线性变化而是呈现倒"U"形结构。

二　内生性问题与处理

为解决农地确权与农户农业生产纯技术效率之间的内生性问题，参照黄枫等（2015）的做法，采用村庄集聚层数据作为农地确权的工具变量进行回归分析。

首先，对照杜宾—吴—豪斯曼检验（DWH test）检验的结果，表5－4的估计面临内生性问题；其次，弱工具变量检验（Weak IV test）和识别不足检验（Under－identification test）表明，本章所采用的工具变量不存在弱工具变量和识别不足的问题。从模型的估计结果来看，在考虑了内生性问题后，估计结果与表5－2的结果相一致，本书的基准回归结果依然成立，由此表明上述估计结果的准确性和稳健性。

表5－4　　确权政策、农地调整经历及程度与农业生产纯技术效率：
工具变量模型

变量	农业生产纯技术效率			
	模型3－1	模型3－2	模型3－3	模型3－4
农地确权	－0.120*** (0.011)			
农地调整		0.020*** (0.003)		
农地小调整			0.004 (0.010)	

续表

变量	农业生产纯技术效率			
	模型 3－1	模型 3－2	模型 3－3	模型 3－4
农地大调整				0.077 ***
				(0.015)
大型农机具	－ 0.070 ***	－ 0.040 ***	－ 0.041 ***	－ 0.040 ***
	(0.017)	(0.015)	(0.015)	(0.015)
家庭成员平均年龄	－ 0.001 ***	－ 0.001 ***	－ 0.001 ***	－ 0.001 ***
	(0.000)	(0.000)	(0.000)	(0.000)
家庭成员受教育程度	－ 0.000	－ 0.000	－ 0.000 *	－ 0.000 *
	(0.000)	(0.000)	(0.000)	(0.000)
家庭女性比	0.000	0.000	0.000	0.000
	(0.000)	(0.000)	(0.000)	(0.000)
村庄非农经济	0.093 ***	0.061 ***	0.063 ***	0.059 ***
	(0.009)	(0.008)	(0.008)	(0.008)
村庄统一灌溉排水服务	－ 0.006	－ 0.006	－ 0.005	－ 0.004
	(0.006)	(0.006)	(0.006)	(0.006)
村庄统一购买生产资料服务	－ 0.003	0.003	0.003	0.001
	(0.010)	(0.009)	(0.010)	(0.010)
村庄统一提供生产技术培训服务	0.003	－ 0.004	－ 0.005	－ 0.005
	(0.007)	(0.006)	(0.006)	(0.006)
省份虚拟变量	控制	控制	控制	控制
常数项	0.559 ***	0.397 ***	0.405 ***	0.409 ***
	(0.016)	(0.032)	(0.032)	(0.032)
观测值	6174	6174	6174	6174
R^2	0.016	0.172	0.170	0.171
Under － identification test	1975.052 ***	6171.417 ***	5702.188 ***	5857.840 ***
Weak identification test	2899.350	6300	3400	4100
DWH test	82.358 ***	10.222 ***	10.625 ***	20.830 ***

注：***、* 分别代表在 1%、10% 的统计水平上显著，括号内为稳健标准误。

　　首先，对照杜宾—吴—豪斯曼检验的结果，表5-5的估计确实面临内生性问题；其次，弱工具变量检验和识别不足检验表明，本章所采用的工具变量不存在弱工具变量和识别不足的问题。从模型的估计结果来看，考虑了内生性的交互项模型的估计结果与表5-3的估计结果一致，从而证明了基准回归估计结果的稳健性。

表5-5　　不同农地调整经历下农地确权效率的差异：工具变量模型

变量	农业生产纯技术效率		
	模型4-1	模型4-2	模型4-3
农地确权	0.090 *** (0.024)	-0.029 (0.019)	0.000 (0.017)
农地无调整	0.047 *** (0.007)		
农地确权×农地无调整	-0.111 *** (0.020)		
农地小调整		-0.064 *** (0.023)	
农地确权×农地小调整		0.124 *** (0.037)	
农地大调整			0.190 *** (0.028)
农地确权×农地大调整			-0.309 *** (0.097)
家中是否 有大型农具	-0.040 ** (0.018)	-0.041 ** (0.016)	-0.041 ** (0.016)
家庭成员 平均年龄	-0.001 ** (0.000)	-0.001 ** (0.000)	-0.001 *** (0.000)
家庭成员 受教育程度	0.000 (0.000)	0.000 (0.000)	0.000 (0.000)

第五章 农地确权、调整经历与农业生产纯技术效率 111

变量	农业生产纯技术效率		
	模型 4 – 1	模型 4 – 2	模型 4 – 3
家庭女性比	0.000	0.000	0.000
	(0.000)	(0.000)	(0.000)
村庄非农经济	0.057 ***	0.062 ***	0.059 ***
	(0.008)	(0.008)	(0.008)
村庄统一 灌溉排水服务	– 0.004	– 0.003	– 0.005
	(0.007)	(0.007)	(0.007)
村庄统一购买 生产资料服务	0.008	0.007	0.004
	(0.011)	(0.010)	(0.010)
村庄统一提供生产 技术培训服务	– 0.001	– 0.003	– 0.001
	(0.007)	(0.007)	(0.007)
省份虚拟变量	控制	控制	控制
常数项	0.331 ***	0.389 ***	0.372 ***
	(0.037)	(0.037)	(0.036)
观测值	6174	6174	6174
R^2	0.176	0.174	0.171
Under – identification test	1959.527 ***	1825.324 ***	1458.831 ***
Weak IV test	955.011	862.151	635.489
DWH test	27.748 ***	32.157 ***	31.460 ***

注：***、** 分别代表在1%、5%的统计水平上显著，括号内为稳健标准误。

三 稳健性检验

1. 稳健性检验（1）：对被解释变量的重新刻画

本书认为，实现农地调整的"约束机制"和农地确权的"补偿机制"的平衡将引导农户更加珍惜和重视农地，进而付出更多的生产性努力，实现农业生产纯技术效率。如果该逻辑成立，则意味着经历小调整的确权农户将会更加重视农业生产，而无农地调整经历和大调整经历将弱化确权农户对农业生产的重视程度。为验证该逻辑，本节使用CLDS问卷中"借款是否用于农业生产"的问项结果衡量农户对农业生产的重视程度（具体赋值：是＝1，否＝0），并替换因变量进行检验（见表5－6）。结果表明，无农地调整和经历大调整将弱化确权农户对农业生产的重视程度，而经历过农地小调整的农户，农地确权显著强化其对农业生产的重视程度。这验证了本书结论的稳健性。

表5－6   更换被解释变量

变量	农业生产重视程度		
	模型5－1	模型5－2	模型5－3
农地确权	0.062 *** (0.019)	0.027 ** (0.011)	0.016 (0.016)
农地无调整	0.001 (0.008)		
农地确权×农地无调整	－0.035 * (0.019)		
农地小调整		0.005 (0.019)	
农地确权×农地小调整		0.049 ** (0.022)	
农地大调整			－0.028 (0.051)
农地确权×农地大调整			－0.047 *** (0.018)
其他变量	控制	控制	控制
常数项	0.059 *** (0.017)	0.060 *** (0.015)	0.247 *** (0.035)
观测值	6174	6174	6174
Under－identification test	1918.321 ***	1716.773 ***	1457.540 ***
Weak IV test	925.576	790.874	634.547
DWH test	15.254 ***	15.754 ***	9.872 **

注：***、**、* 分别代表在1%、5%、10%的统计水平上显著，括号内为稳健标准误。

2. 稳健性检验（2）：重新组合样本的再估计

前面基准回归基于农地调整"约束机制"和确权"补偿机制"之间权责对立、"激励—约束"相匹配的关系，并未严格区分地权调整与确权的先后顺序。本部分重新组织样本，基于2014年CLDS数据筛选出2016年CLDS追踪样本，留下2014年和2016年两期调查中的确权农户，并删除两次调查期间发生过农地调整的样本，从而更加准确地辨别出农地调整与确权的顺序，使用的有效样本为1566个农户。此外，本部分将固定效应精确到市区一级。表5－7的估计结果显示，无调整经历与大调整经历均将诱发农地确权的效率耗散，而小调整经历的确权农户实现了纯技术效率。这表明基准回归结果较为稳健可信。

表5－7　　　　　　　　　　　重新组合样本的再估计

变量	农业生产纯技术效率		
	模型6－1	模型6－2	模型6－3
农地确权	0.259*** (0.064)	0.100** (0.047)	0.150*** (0.044)
农地无调整	0.269*** (0.030)		
农地确权×农地无调整	-0.434*** (0.074)		
农地小调整		-0.059 (0.046)	
农地确权×农地小调整		0.264** (0.118)	
农地大调整			0.277* (0.146)
农地确权×农地大调整			-0.601** (0.295)
其他变量	控制	控制	控制

续表

变量	农业生产纯技术效率		
	模型 6 – 1	模型 6 – 2	模型 6 – 3
常数项	0. 230 *** (0. 041)	0. 528 *** (0. 051)	0. 514 *** (0. 051)
观测值	1566	1566	1566
R^2	0. 189	0. 186	0. 152
Under – identification test	240. 423 ***	288. 616 ***	114. 377 ***
Weak identification test	93. 951	117. 039	40. 814
DWH test	29. 103 ***	15. 023 ***	21. 588 ***

注:***、**、*分别代表在1%、5%、10%的统计水平上显著,括号内为稳健标准误。

3. 稳健性检验(3):基于倾向得分匹配法的再估计

反向因果是本书主要的内生性来源,但依然不能忽视自选择问题。为此,本书使用倾向得分匹配法重新估计不同农地调整经历对确权农户农业生产纯技术效率的影响。根据表 5 - 2 中的控制变量对实验组和控制组进行匹配,其中,分别将无农地调整经历、小调整经历和大调整经历的农户设定为实验组,有农地调整经历、无小调整经历和无大调整经历的农户设定为控制组,同时采用最近邻匹配、核匹配和半径匹配估计不同农地调整经历的平均处理效应(ATT)。需要特别说明的是,为单独估计不同农地调整经历对确权效应的影响,模型只保留了已实现确权的农户样本。表 5 - 8 显示,无农地调整和大调整经历的农户在三种匹配方式下均负向影响农业生产纯技术效率。小调整经历在三种匹配方式下均显著提高农业生产纯技术效率,进一步验证了本书估计结果的稳健性。

表5-8　　　　　　　　　　　基于倾向得分匹配法的再估计

变量	匹配方式	ATT	t
农地无调整	最近邻匹配	-0.055***	-4.460
	核匹配	-0.009*	-1.680
	半径匹配	-0.005	-0.380
农地小调整	最近邻匹配	0.025*	1.750
	核匹配	0.043**	2.330
	半径匹配	0.043**	2.560
农地大调整	最近邻匹配	-0.048***	-3.180
	核匹配	-0.057***	-2.760
	半径匹配	-0.051**	-2.560

注:***、**、*分别代表在1%、5%、10%的统计水平上显著。

4. 稳健性检验（4）：使用全国9省份2704个农户数据的再估计

应该指出的是，CLDS数据中的农地调整数据源于村庄层面，且统计的是自2003年以来的农地调整经历，对农户农地调整经历的衡量并不够精确，可能影响估计结果的准确性。为此，本书进一步使用全国9省份农户调查数据。本书课题组于2015年通过分层聚类方法进行农户抽样问卷调查。其抽样过程：首先按照各省份总人口、人均GDP、耕地总面积、耕地面积比重、农业人口占省份总人口比重、农业产值占省份GDP的比重6个指标的聚类特征，并结合中国大陆的7大地理分区，最终选定东部的辽宁省、江苏省和广东省，中部的山西省、河南省和江西省以及西部的宁夏回族自治区、四川省和贵州省9省（区）为样本省份；其次，进一步根据上述6个指标对各省（区）的县级单位进行聚类分析，在各样本省（区）分别抽取6个样本县（合计54个）；最后，根据人均GDP和地理分布在各样本县中抽取4个乡（镇），在每个样本乡镇随机抽取1个行政村，每个行政村又随机抽取2个自然村，在每个自然村随机挑选5个样本农户。为加强区域间比较，课题组在广东省、江西省的样本

县中各抽取 10 个样本乡镇。调查最终发放问卷 2880 份，回收问卷
2880 份，其中有效问卷 2704 份，问卷有效率为 93.89%。全国 9 省
份数据中的农地调整变量来源于农户层面，并且统计的为近 5 年的
调整情况，更加精确，而且包括农户经历农地调整频率的变量，为
细化本书研究提供了数据支持。

　　本书认为，农地调整程度不同对确权效率的影响是不一致的。
如果该逻辑成立，那么农地确权的效率将受到农户农地调整次数的
影响。为验证该逻辑，本书使用问卷中"若能够通过土地抵押获得
贷款，您家愿意增加农业投资吗"的问项结果衡量农户农业生产重
视程度（选项赋值：是 =1，否 =0）。另外，本部分用农户近 5 年经
历的农地调整次数替代前文的农地调整经历。与前面一样，本节同
样控制农户家庭、村庄特征以及地区层面虚拟变量。为节省篇幅，
不再报告具体的变量定义与描述。

　　表 5 - 9 的估计结果显示，近 5 年无农地调整经历将弱化确权农
户对农业生产的重视程度，农地小调整经历将显著强化确权农户对
农业生产的重视程度，而农地确权将显著抑制大调整经历的农户对
农业生产的重视程度。模型 7 - 4 结果表明，较高的农地调整频率将
弱化确权农户对于农业生产的重视程度。总体而言，利用全国 9 省
份调查数据的估计结果与利用 CLDS 全国数据的分析结论一致。

表 5 - 9　　　　　　　　　**基于全国 9 省份农户调查的数据**

变量	农业生产重视程度			
	模型 7 - 1	模型 7 - 2	模型 7 - 3	模型 7 - 4
农地确权	- 0.401 (0.345)	0.063 (0.091)	0.174 ** (0.085)	0.050 (0.084)
农地无调整	- 0.567 ** (0.280)			
农地确权 × 农地无调整	- 0.577 (0.378)			

续表

变量	农业生产重视程度			
	模型 7 – 1	模型 7 – 2	模型 7 – 3	模型 7 – 4
农地小调整		– 0.033 (0.428)		
农地确权 × 农地小调整		0.631 * (0.329)		
农地大调整			0.697 ** (0.309)	
农地确权 × 农地大调整			– 1.169 *** (0.403)	
农地调整频率				0.006 (0.096)
农地确权 × 农地调整频率				– 0.273 * (0.142)
其他变量	控制	控制	控制	控制
常数项	4.001 *** (0.281)	3.518 *** (0.143)	3.454 *** (0.143)	2.938 *** (0.773)
观测值	2704	2704	2704	2704
Under – identification test	330.792 ***	140.984 ***	696.844 ***	186.597 ***
Weak identification test	131.401	50.282	354.624	68.225
DWH test	10.246 **	5.896 *	7.740 *	11.361 ***

注：***、**、* 分别代表在 1%、5%、10% 的统计水平上显著，括号内为稳健标准误。

四　进一步分析农户类型和农业生产纯技术效率

前面的估计结果显示，不同程度的农地调整经历对于与确权农户的技术效率影响是不同的，特别是未经历过农地调整的农户家庭，农地确权显著抑制农业生产技术效率。但是，考虑到不同家庭类型对农地的依赖程度不同，可能导致农地调整经历对确权农户技术效率的差异化影响。

　　本章借鉴 Deininger 等（2014）的研究思路，依据家庭是否拥有农业收入和非农业收入，将农户区分为全职农民、兼职农民两种类型。其中，全职农民是指仅拥有农业收入的家庭，兼职农民是指拥有农业收入和非农收入的家庭。表 5 - 10 中模型 8 - 1 和模型 8 - 3 的估计结果显示，有别于全部样本的分析，在全职农民家庭中，无调整经历和农地大调整经历的农户，农地确权并没有显著抑制农业生产技术效率的实现，但也并未对技术效率有促进作用。实际上，对于全职农民家庭，农地经营收入是其唯一的家庭收入来源，家庭对农地的依赖程度较高，即使有大调整带来的对于农地确权政策的不信任和无调整经历带来的农地"低价值"感知对生产性努力的抑制，但是基于家庭生计来源的考虑，农户依然将付出劳动努力进行农业生产以维持生活经济来源的保障。对于经历过农地小调整的全职农民家庭，农地确权政策带来的生产激励更大。模型 8 - 2 中"农地确权 × 小调整"的系数为 0.131，且在 5% 的统计水平上显著，高于全部样本估计的确权激励作用。

表 5 - 10　　　　　　　家庭类型、调地经历与农业生产纯技术效率

变量	全职农民			兼职农民		
	模型 8 - 1	模型 8 - 2	模型 8 - 3	模型 8 - 4	模型 8 - 5	模型 8 - 6
农地确权	- 0.085 **	- 0.007	0.024	0.122 **	- 0.124 ***	0.066 *
	(0.035)	(0.031)	(0.028)	(0.048)	(0.022)	(0.034)
农地无调整	0.054			0.051 ***		
	(0.020)			(0.011)		
农地确权 × 无调整	- 0.013			- 0.085 **		
	(0.035)			(0.042)		
农地小调整		- 0.100 **			- 0.125 ***	
		(0.042)			(0.040)	
农地确权 × 小调整		0.131 **			0.115 *	
		(0.060)			(0.068)	

续表

变量	全职农民			兼职农民		
	模型 8 – 1	模型 8 – 2	模型 8 – 3	模型 8 – 4	模型 8 – 5	模型 8 – 6
农地大调整			0. 144 ***			0. 228 ***
			(0. 035)			(0. 042)
农地确权 × 大调整			– 0. 162			– 0. 334 ***
			(0. 124)			(0. 113)
家中是否有大型农具	– 0. 055 **	– 0. 036	– 0. 034	– 0. 012	– 0. 025	– 0. 009
	(0. 027)	(0. 026)	(0. 026)	(0. 032)	(0. 034)	(0. 032)
家庭成员平均年龄	0. 000	0. 000	0. 000	0. 000	– 0. 001	0. 000
	(0. 000)	(0. 000)	(0. 000)	(0. 001)	(0. 001)	(0. 001)
家庭成员受教育程度	0. 000	– 0. 001 **	– 0. 001 **	0. 000	0. 000	0. 000
	(0. 000)	(0. 000)	(0. 000)	(0. 000)	(0. 000)	(0. 000)
家庭女性比	0. 000	0. 000	0. 000	0. 000	0. 000	0. 000
	(0. 000)	(0. 000)	(0. 000)	(0. 000)	(0. 000)	(0. 000)
村庄非农经济	0. 108 ***	0. 072 ***	0. 066 ***	0. 051 ***	0. 075 ***	0. 051 ***
	(0. 015)	(0. 016)	(0. 017)	(0. 015)	(0. 015)	(0. 015)
村庄统一灌溉排水服务	0. 005	– 0. 002	– 0. 002	0. 007	0. 014	0. 004
	(0. 011)	(0. 012)	(0. 012)	(0. 012)	(0. 012)	(0. 013)
村庄统一购买 生产资料服务	– 0. 055 **	– 0. 002	– 0. 009	– 0. 019	– 0. 030	– 0. 029
	(0. 023)	(0. 024)	(0. 024)	(0. 021)	(0. 021)	(0. 021)
村庄统一提供生产 技术培训服务	– 0. 001	0. 015	0. 014	0. 006	– 0. 010	0. 005
	(0. 012)	(0. 012)	(0. 012)	(0. 014)	(0. 014)	(0. 014)
省份虚拟变量	控制	控制	控制	控制	控制	控制
常数项	0. 442 ***	0. 461 ***	0. 446 ***	0. 453 ***	0. 511 ***	0. 497 ***
	(0. 035)	(0. 043)	(0. 042)	(0. 054)	(0. 037)	(0. 053)
观测值	2007	2007	2007	2879	2879	2879
R^2	0. 038	0. 179	0. 176	0. 160	0. 034	0. 150
Under – identification test	624. 714 ***	492. 615 ***	516. 476 ***	471. 421 ***	461. 345 ***	530. 485 ***
Weak identification test	300. 241	216. 101	230. 196	227. 090	220. 079	271. 126
DWH test	22. 038 ***	26. 136 ***	21. 172 ***	17. 190 ***	21. 545 ***	23. 842 ***

注: *** 、** 、* 分别代表在1%、5%、10%的统计水平上显著, 括号内为稳健标准误。

对于兼职农民而言，其家庭收入来源除了农地经营收入，还有非农收入，其对农地的依附程度较低。表 5 - 10 中模型 8 - 4 的结果显示，"农地确权×无调整"的系数为 - 0.085，且在 5% 的统计水平上显著，大于全样本估计的 - 0.111，这表明无农地调整经历的兼职农户，确权对技术效率的抑制作用是小于全样本估计的。模型 8 - 5 中，"农地确权×小调整"的系数为 0.115，且在 10% 的统计水平上显著，低于全样本估计的 0.124。实际上，由于兼职农户除了农地经营收入来源还有非农收入，确权带来的生产性努力和小调整带来的失地危机感都会小于其他农户家庭。模型 8 - 6 中，"农地确权×大调整"的系数为 - 0.334，抑制作用高于全样本估计的 - 0.309，且在 1% 的统计水平上显著。这表明对于经历过农地大调整的兼职农户，农地调整带来的对确权的不信任更容易转化为给农地生产性努力带来的抑制作用，这是由于农户有更多的收入来源。

第四节　小结

本章将农地调整和农地确权分别视为自上而下的"约束机制"和"补偿机制"，探讨在两种机制的平衡和失衡状态下，农户农业生产纯技术效率的决定机理。基于 2016 年 CLDS 数据的检验结果表明，对"约束机制"与"补偿机制"失衡的两类农户群体，或者说对无农地调整经历与经历过大调整的农户来说，确权政策对农户纯技术效率的影响将弱化。而"约束机制"与"补偿机制"走向平衡的具有农地小调整经历的确权农户是最有效率的农地经营主体。因此，对于农地无调整、小调整、大调整的三类农户，农地确权的经济绩效大体呈现倒"U"形结构。

与叶剑平等（2006）、黄季焜等（2008）所持的观点不同，本章并不先验地将农地调整视为不安全的产权表达形式，而是将农地调整和农地确权分别视为一种自上而下的"约束机制"和"补偿机制"。"约束机制"和"补偿机制"均具有诱导农户改善农业经营管理水平，实现农业生产纯技术效率的激励作用。但又强调，"约束机制"与"补偿机制"的失衡将诱发纯技术效率耗散。其内因在于：缺乏"约束机制"保障而"唾手可得"的地权是"低价值"的，农户对其珍惜程度有限；"补偿机制"在不同农户之间是同质的，因而在"约束机制"中损失惨重的农户无法获得区别于其他农户的心理补偿。"约束机制"与"补偿机制"走向平衡将实现农户农业生产纯技术效率的改善。

虽然农地确权政策的实施似乎是合乎效率的选择，但值得重视的是，完全没有"约束机制"保障可能影响农地确权的绩效表现。本章研究表明，地权制度安排需要在"激励—约束"机制的平衡状态下实现效率，缺乏"约束机制"保障的赋权政策是无效率的。众多学者批评农地调整造成农业生产效率下降，却忽视了农地调整的产权反向激励和内部约束作用，这应该引起人们的反思。但本书并非主张农地调整的合理性，而是强调农地确权的实施亟待具有"约束机制"性质的匹配措施。

作为制度遗产的农地调整，随着时间渐远和代际更替，其反向激励作用必然逐渐弱化。稳定地权的政策努力也将极大限制地权变更的发生，但增加"补偿"与"约束"失衡的可能性。农地确权将推进并深化具有不同比较优势农户的劳动力分工，家庭成员的非农转移与收入结构改变将降低农地在农户心中的重要程度，弱化农民对土地的生存依附能力。这意味着，对于选择空间不断扩大的中国农民来说，"约束机制"与"补偿机制"的失衡可能导致农地心理价值下降并促使农户策略性地离农弃农，从而恶化农业生产的社会生态结构。这显然有悖于中国农村土地制度改革的基本目标。因此，当前亟须从立法层面明确农户农地产权权益，重申与之关联的相应义务或约束，从而形成责权对应以及"激励—约束"的制衡机制。此外，应进一步优化农地确权的实施环境，保障农民地权的排他性与政策实施的稳定性，积极推进农地确权政策的实际落地，避免"确空权"的现象，不断改善和强化农民对农地确权的政策信任。

第 六 章

农地确权、要素配置与
农业生产纯技术效率

农地确权政策会带来农户农业生产纯技术效率损失是本书的一大基本疑问。在本书第三章的理论分析中，从农地确权实施的现实情境出发讨论了农地确权导致农户农业生产纯技术效率耗散的要素配置逻辑；在第四章的实证分析中，初步探索和推断了可能诱发这一基本现象的现实根源。

第一，从农业经营的现实来说，2015 年中国家庭金融调查（CHFS）数据显示，即使在大力支持新型农业经营主体的政策背景下，普通农户依然在各类经营主体中占97.95%，耕种总面积占比为92.58%，粮食播种面积占比高达91.43%。可见，中国农业经营的主体仍为小农户，并且中国粮食生产的中坚力量依然是广大的小农户。但相比农业专业户和新型农业经营主体，普通农户在农业经营管理水平和技术要素应用能力上处于劣势，从而致使农业生产的外部条件与农户农业生产的内部条件不匹配。普通农户家庭内部并没有与农地确权改变的外部条件相匹配的农地经营、技术要素使用和资金管理水平。这可能是农地确权的纯技术效率抑制效应的原因之一。

第二，2001 年 3 月颁布的《国务院批转公安部关于推进小城镇户籍管理制度改革意见的通知》（国发〔2001〕6 号），标志着小城镇户籍制度改革全面推进。自此，农村劳动力基本获得了自由流动的权利，农民也因此获得了更多的非农就业机会和更大的经济增收空间（见图6-1、图6-2）。

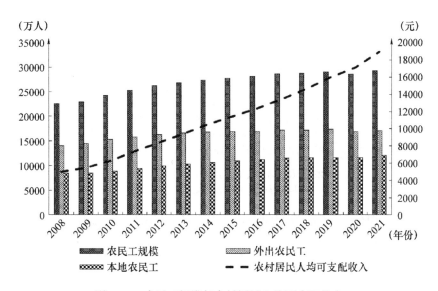

图6-1　农民工规模与农村居民人均可支配收入

资料来源：《农民工监测调查报告》（2008—2021年）与《中国统计年鉴》（2009—2022年）。

随着稳定地权的产权制度改革，农民生存就业的选择空间进一步拓宽。国家统计局的数据表明，我国农村劳动力从事第一产业的占比从2006年的43.1%降至2019年的35.3%，农村居民来自非农收入的占比由2006年的46.2%增加到2019年的76.7%。不仅如此，能力的提升与机会的扩展，甚至使越来越多的农村人口不再依附于土地以农为生。农业农村部的数据表明，我国从事农业经营的纯农户数占总农户数的比例已从2011年的66.29%，降至2018年的63.65%，完全非农的农户占比也相应由7.54%增至9.60%（见图6-3）。劳动力非农转移加速实际上加速了农村农业生产比较优势和非农务工比较优势两类群体的分工，不同比较优势的农户和农户内部不同比较优势的成员出现了不同的择业选择。从整体上看，具有

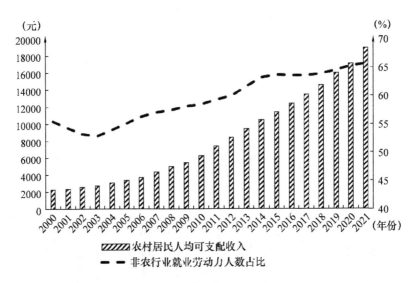

图6-2 农村劳动力非农转移规模与农村居民人均可支配收入

资料来源:《中国统计年鉴》(2001—2022 年)与《中国农村统计年鉴》(2001—2022 年)。

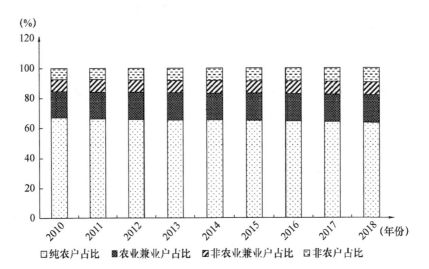

图6-3 农村各类农户占比

资料来源:《中国农村经营管理统计年报》(2010—2018 年)。

外出务工比较优势的农村劳动力一般由学历水平较高、年龄结构较小的劳动力组成，农地确权带来的地权稳定性增强促使其转出土地、外出务工甚至是逐步退出农业生产，这部分劳动力的非农转移也带走了农村劳动力中学习能力最强的精壮部分，致使先进的经营管理知识更加难以应用到农村农地经营中，导致农业生产的纯技术效率抑制效应。

但在中国农村，不可忽视的现象是，农机社会化服务蓬勃发展，已经成为小农户与现代农业有机衔接的重要帮手。农机社会化服务对小农格局农业生产的改造主要源于以下两个方面：第一，农机社会化服务可以替代农业劳动力，农机服务的集约化、科学化与标准化将实现农业生产效率的提高；第二，农机服务对传统农业的改造将助推传统农业向现代农业的过渡，从而使农业部门成为吸引劳动力就业的重要领域。"农村精英"劳动力的留农返乡将必然提高农业生产经营管理水平。

基于上述内容，本章从农地确权对农户农业生产的要素配置逻辑出发，从以下两个方面展开论证。其一，研究农地确权导致农户农业生产纯技术效率耗散的要素配置机制，并探索农机社会化服务对农地确权效率决定的影响；其二，进一步分析农机社会化服务对农业劳动力的影响，阐释农机社会化服务助益农地确权纯技术效率实现的劳动力配置机制。

第一节　数据来源与变量设置

一　数据来源

本章的实证分析分为两部分。第一部分对农地确权、要素配置和农业生产纯技术效率的考察依然使用的是 2016 年中国劳动力动态调查（CLDS）数据集的 6174 个农户。第二部分通过关注农机外包服务对劳动力转移的影响，以试图阐释农机服务在替代农业劳动力的同时吸引农村劳动力的作用。利用2016年中国劳动力动态调查数据集的农村样本数据，剔除主要变量数据缺失严重的样本后，获取全国5042个农户样本。

二 变量设置

1. 被解释变量

本章的被解释变量是农户的农业生产纯技术效率。测算农户生产效率的投入指标依然包括农地经营规模、农业经济投入和农业生产时间，产出指标为家庭农业总产值。分析服务外包对劳动力转移的影响中，被解释变量为务农劳动力和外出务工劳动力，参照Mullan等（2011）的研究，分别采用农户家庭务农劳动力占家庭劳动力的比例和外出务工劳动力占家庭劳动力的比例来表征，分别刻画农机服务的劳动力替代效应和挤出效应。

2. 主要解释变量

主要解释变量分别是农地确权和农户是否购买了农机外包服务，使用农户是否获得确权证书表征农地确权状况。使用CLDS数据集中"农户农业生产的农田耕种方式"[①] 和"农户机械化耕种的生产工具来源"[②] 的问项结果，将农业机械获取方式来自外包视为农户参与农机外包服务，设置为1，无外包行为以及传统农耕的农户赋值为0。

3. 控制变量

本书所采用数据为户级层面数据，需要对一些因素进行控制，包括：家庭特征，如家庭成员平均年龄、家庭成员受教育程度、家

---

① 在CLDS数据中，"农户农业生产的农田耕种方式"的问项结果包括全机械化、部分机械化、传统农耕。

② 在CLDS数据中，"农户机械化耕种的生产工具来源"的问项结果包括全部自家购买、和别人共同购买、全部租用别人或某公司、借用他人或集体、部分自家拥有，部分租用或借用、部分自家拥有，部分和别人共同拥有、其他。本书将全部租用别人或某公司、部分自家拥有，部分租用或借用定义为参与农机外包。

庭女性比；影响农户生产效率的因素，如村庄非农经济与村庄统一提供的农业生产服务（林文声等，2018），以及农户拥有的大型农机具（董莹、穆月英，2019）。此外，本章还控制了29个省份的区域虚拟变量。变量定义、赋值及其描述性统计结果如表6-1所示。

表6-1　　　　　　　　　**变量定义、赋值及其描述性统计结果**

	变量名称	变量定义	平均值	标准差
产出指标	家庭农业总产值	农户生产农产品的总价值，单位：元，取对数	8.619	1.310
投入指标	农地经营规模	农户扣除弃耕后的土地经营面积，单位：亩，取对数	1.570	1.051
	农业经济投入	农户农业生产的总投入，单位：元，取对数	7.762	1.343
	农业生产时间	农户进行农业生产的总时间，单位：天，取对数	7.630	0.662
被解释变量	农业生产纯技术效率	基于 BBC 模型测算得到的农户农业生产纯技术效率	0.456	0.243
主要解释变量	农地确权	已实现农地确权且已领到农地承包经营权证书（是=1，否=0）	0.540	0.498
控制变量	家中是否有大型农具	有=1，无=0	0.024	0.154
	家庭成员平均年龄	家庭成员平均年龄（年）	44.573	13.837
	家庭成员受教育程度	高中以上学历成员占比（%）	16.321	21.300
	家庭女性比	女性成员占比（%）	47.816	17.774
	村庄非农经济	有=1，无=0	0.204	0.403
	村庄统一灌溉排水服务	是=1，否=0	0.402	0.490
	村庄统一购买生产资料服务	是=1，否=0	0.098	0.298
	村庄统一提供生产技术培训服务	是=1，否=0	0.674	0.469
	区域虚拟变量	省份虚拟变量	—	—

变量名称		变量定义	平均值	标准差
中介变量	农业投资	农业生产总成本，单位：元，取对数	7.936	1.447
	劳动力投入	家庭农业生产人数比（%）	3.645	0.571
	信贷可得性	是否成功从正规机构获得生产性贷款（是 = 1，否 = 0）	0.025	0.155

资料来源：笔者自制。

第二节   模型设置与内生性讨论

一   模型设置

1. 农地确权、要素配置与农业生产纯技术效率

本章的写作目的是分析要素配置在农地确权的效率决定中是否发挥作用，从农地产权的现实情境中探究农地确权诱发农户农业生产纯技术效率耗散的间接机制。首先，为分析农地确权对要素配置的影响，识别了如下模型：

$$R_i = \xi_0 + \xi_1 X_i + \xi_2 D_i + \varepsilon_i \qquad (6-1)$$

式（6 - 1）识别了三组方程，其中：R_i 为农业投资、劳动力投入和信贷可得性，前三项为连续变量，信贷可得性为 0 - 1 变量；ξ_0 为常数项；ξ_1 和 ξ_2 为待估计系数。

其次，为进一步检验要素配置是否为对农地确权发挥作用的中间路径，本书也识别如下方程：

$$Y_i = \delta_0 + \delta_1 X_i + \delta_2 R_i + \delta_3 D_i + \varepsilon_i \qquad (6-2)$$

式（6 - 2）中的变量定义与式（6 - 1）中一致。δ_0 为常数项，δ_1、δ_2 和 δ_3 为待估计系数。

为进一步考察农机社会化服务对农地确权纯技术效率决定的影响，在模型中引入农地确权与农机社会化服务的交互项，具体模型如下：

$$Y_i = \alpha_0 + \alpha_1 \cdot X_{i1} + \alpha_2 \cdot X_{i2} + \alpha_3 \cdot X_{i3} + \alpha_4 \cdot X_{i1} X_{i2} + \alpha_5 \cdot \boldsymbol{D}_i + \varepsilon_i$$

$$(6-3)$$

2. 农机社会化服务与劳动力非农转移

为估计农机外包服务对农村务农劳动力和外出务工劳动力的影响，本章建立以下表达式：

$$Y_i = \alpha_0 + \alpha_1 X_i + \alpha_2 \boldsymbol{D}_i + \varepsilon_i \qquad (6-4)$$

式（6-4）识别了两组方程，其中：Y_i 为农户家庭中务农劳动力占比与外出务工劳动力占比；X_i 为农机外包服务；$\boldsymbol{D}_i$ 为由控制变量组成的矩阵，包括家庭特征变量、农地特征变量和村庄变量；α_0 为常数项；α_1 和 α_2 为待估计系数；ε_i 为误差项，并假设满足标准正态分布。

为了进一步刻画农机社会化服务对农业生产成本和收益的影响并探究对劳动力非农转移的影响机制，根据 Baron 和 Kenny（1986）提出的中介效应模型，在模型（6-4）的基础上进一步构建如下模型：

$$R_i = \xi_0 + \xi_1 X_i + \xi_2 \boldsymbol{D}_i + \varepsilon_i \qquad (6-5)$$

式（6-5）中：R_i 为农业亩均成本与亩均收入；ξ_0 为常数项；ξ_1 和 ξ_2 为待估系数。其他变量和系数的定义与式（6-4）一致。最后，为进一步检验农业亩均成本与亩均收入是否为农机外包服务作用发挥的中间路径，本书识别如下方程：

$$Y_i = \delta_0 + \delta_1 X_i + \delta_2 R_i + \delta_3 \boldsymbol{D}_i + \varepsilon_i \qquad (6-6)$$

式（6-6）中的变量定义与式（6-5）、式（6-4）一致。δ_0 为常数项，δ_1、δ_2 和 δ_3 为待估计系数。

二 内生性讨论

农地确权与农业生产效率之间依然存在着上文讨论的内生性问题，其解决方法与上文一致。需要特别说明的是，农户的生产要素与农户生产效率也存在内生性问题。为此本章利用村庄层面其他农户各生产要素投入的均值作为工具变量。其理由在于，村庄层面其他农户生产要素使用均值会对本户生产提供参考作用，但并不会直接影响农户生产效率水平，由此满足了工具变量与内生解释变量相关，而与扰动项不相关的要求。

本章引入农机外包服务变量会引起内生性问题。首先，务农劳动力较多的农户可能更多使用人工进行农业生产而非购买农机外包服务，外出务工劳动力较多的农户将因家庭务农劳动力短缺和务工收入增加而更可能倾向于使用农机外包服务，从而产生反向因果的内生性问题。其次，模型中还可能存在其他观测不到的但能影响到农户务农劳动力与外出务工劳动力的遗漏变量。为有效解决内生性问题，本章采用村庄其他农户的农机外包服务参与率作为工具变量。一般而言，同村内部的社会网络关系较强，同村农户具有典型的聚类效应（李宁等，2019），农机服务作为一种农业技术传播方式，经营主体在农业技术采用上存在示范效应（应瑞瑶、徐斌，2014）。因此，机械服务将会因为信息传递在同一村社内得到普遍使用（仇童伟、罗必良，2018）。而且，单个农户的务农劳动力与外出务工劳动力并不会影响村庄其他农户的农机外包服务使用，满足工具变量选择标准。除此之外，本章在稳健性检验中进一步通过倾向得分匹配法构建"反事实"情境，有效降低样本选择偏误，解决潜在的内生性问题所导致的估计结果偏误。

第三节　要素配置与农地确权的纯技术效率决定

一　基准回归与内生性处理

1. 基准回归：农地确权对农业生产纯技术效率的影响

表 6 – 2 汇报了农地确权对农户农业生产纯技术效率的影响。模型 1 – 1 的估计结果显示，农地确权的系数为 – 0.038，在 1% 的统计水平上显著，这表明农地确权对农户的农业生产纯技术效率具有显

著的抑制效应。模型1-2工具变量法的估计结果也进一步证明了农地确权纯技术效率耗散效应稳健。

表6-2　　　　　农地确权对农户农业生产纯技术效率的影响

变量	纯技术效率	
	模型1-1	模型1-2
农地确权	-0.038 ***	-0.120 ***
	(0.006)	(0.011)
家中是否有大型农具	-0.075 ***	-0.070 ***
	(0.017)	(0.017)
家庭成员平均年龄	-0.001 ***	-0.001 ***
	(0.000)	(0.000)
家庭成员受教育程度	0.000	0.000
	(0.000)	(0.000)
家庭女性比	0.000	0.000
	(0.000)	(0.000)
村庄非农经济	0.101 ***	0.093 ***
	(0.008)	(0.009)
村庄统一灌溉排水服务	-0.002	-0.006
	(0.006)	(0.006)
村庄统一购买生产资料服务	-0.015	-0.003
	(0.010)	(0.010)
村庄统一提供生产技术培训服务	-0.003	0.003
	(0.007)	(0.007)
省份虚拟变量	控制	控制
常数项	0.523 ***	0.559 ***
	(0.015)	(0.016)
观测值	6174	6174
R^2	0.174	0.174

续表

变量	纯技术效率	
	模型 1 – 1	模型 1 – 2
第一阶段的估计系数		0.874 ***
		（0.024）
Under – identification test		1003.599 ***
Weak identification test		1191.415
DWH test		81.417 ***

注：*** 代表在 1% 的统计水平上显著，括号内为稳健标准误。

2. 农地确权诱发纯技术效率耗散的要素机制

本书第四章对农地确权影响农户农业生产效率的总体效应进行了分析，发现农地确权政策并未如政策期许和理论预期那样完全带来农业生产效率的提高，反而将会诱发农业生产纯技术效率的损失。本章基于要素配置的视角，采用中介效应模型对农户农业生产要素配置如何间接影响农户农业生产纯效率的具体作用机制进行计量分析。为识别中介机制，首先，估计了核心解释变量对中介变量的影响（见表 6 – 3），考虑到存在的内生性问题，本节使用工具变量法进行估计，工具变量的选择遵循前文的选择标准。对照杜宾—吴—豪斯曼检验的结果，表 6 – 3 的估计结果面临内生性问题。其次，弱工具变量检验和识别不足检验表明，本节所采用的工具变量不存在弱工具变量和识别不足的问题。表 6 – 3 的模型估计结果表明，农地确权带来了农户农业生产要素配置的流动。

表 6 – 3　　　　　　农地确权对要素配置的影响

变量	农业投资	劳动力投入	信贷可得性
	模型 2 – 1	模型 2 – 3	模型 2 – 4
农地确权	0.853 ***	0.301 ***	0.022 ***
	（0.079）	（0.029）	（0.007）

续表

变量	农业投资	劳动力投入	信贷可得性
	模型 2 - 1	模型 2 - 3	模型 2 - 4
家中是否有大型农具	0.715 ***	0.103 **	0.058 ***
	(0.124)	(0.045)	(0.013)
家庭成员平均年龄	-0.010 ***	0.017 ***	-0.001 ***
	(0.002)	(0.001)	(0.000)
家庭成员受教育程度	0.002 *	-0.002 ***	-0.000
	(0.001)	(0.000)	(0.000)
家庭女性比	0.000	-0.003 ***	-0.000 **
	(0.001)	(0.001)	(0.000)
村庄非农经济	0.089	-0.035	0.006
	(0.065)	(0.023)	(0.005)
村庄统一灌溉排水服务	-0.153 ***	0.003	0.001
	(0.049)	(0.018)	(0.004)
村庄统一购买 生产资料服务	-0.481 ***	-0.049	-0.018 **
	(0.092)	(0.033)	(0.007)
村庄统一提供生产技术培训服务	0.181 ***	0.019	0.008 *
	(0.054)	(0.019)	(0.005)
省份虚拟变量	控制	控制	控制
常数项	7.589 ***	2.953 ***	0.048 ***
	(0.155)	(0.057)	(0.011)
观测值	6174	6174	6174
R^2	0.012	0.157	0.031
Under - identification test	1370.540 ***	1393.988 ***	1920.835 ***
Weak identification test	2099.185	2128.748	2782.912
DWH test	79.636 ***	66.480 ***	12.828 ***

注：***、**、* 分别代表在1%、5%、10%的统计水平上显著，括号内为稳健标准误。

　　要素配置在农地确权对农户农业生产纯技术效率的影响中是否发挥机制作用？通过计量分析发现，农地确权对农户农业生产的纯技术效率的总效应显著为负，加入中介变量后，其对纯技术效率的负向影响依旧没有改变，通过索贝尔检验，农业投资对农户农业生产纯技术效率的中介效应在1%的统计水平上显著，系数为−0.006；而劳动力投入和信贷可得性的中介效应并未通过索贝尔检验（见表6−4）。综上可以发现，农业投资在农地确权对农户农业生产纯技术效率的影响中发挥部分中介效应。同时可以判断，农地确权实施诱发的农业投资改变降低了农户农业生产纯技术效率。这意味着，农户对扩大的农地投资资金规模并不完全具备合理配置与管理的能力。事实上，地权边界明晰与稳定势必引发农业生产结构和生产规模的变化，但在当前小农经营格局之下，要素流动与经营主体经营管理水平的不匹配将形成资源使用的低效率。

表6−4　　　　　　　**农地确权、要素配置与纯技术效率**

变量	农业生产纯技术效率		
	模型3−1	模型3−2	模型3−3
农地确权	−0.058**	−0.123**	−0.113***
	(0.014)	(0.015)	(0.014)
农业投资	−0.056**		
	(0.005)		
劳动力投入		0.057**	
		(0.023)	
信贷可得性			−1.008***
			(0.232)
控制变量	控制	控制	控制
常数项	0.960***	0.369***	0.609***
	(0.048)	(0.072)	(0.022)
索贝尔检验	−0.006***	0.001	−0.000
	(0.001)	(0.001)	(0.000)
Under−identification test	882.708***	372.316***	59.954***
Weak identification test	567.463	204.474	30.207

注：***、**分别代表在1%、5%的统计水平上显著，括号内为稳健标准误。

二　进一步分析 1：基于农业经营对象的考察

本书第三章的机理分析和上文的阐述认为，农地确权会形成部分农业生产效率的耗散，其现实原因在于，当前中国的农业经营主体还是小农户，普通小农户的农业经营管理水平并不高，难以适应农地确权带来的生产要素配置的改变。表 6-5 的估计结果显示，农地确权对普通农户的农业生产纯技术效率的抑制作用更强，但对于农业生产专业户而言，农地确权的影响系数为正，虽然没有统计意义上的显著性，但也没有表现出全样本回归和普通农户样本回归中的对农业生产纯技术效率的抑制作用。这证明了，农地确权诱发农户农业生产效率耗散很大原因是没能实现"能人"种地。这一结果也证明了理论部分的分析。但进一步的问题是：农地确权是否带来了农户家庭农业生产要素的改变，从而诱发了在"非能人"经营中的效率耗散机制？

表 6-5　农地确权、经营对象与农业生产纯技术效率

变量	农业生产纯技术效率	
	农业生产专业户	普通农户
	模型 4-1	模型 4-2
农地确权	0.014	-0.044 ***
	(0.010)	(0.006)
家中是否有大型农具	-0.093 ***	-0.061 ***
	(0.031)	(0.018)
家庭成员平均年龄	-0.001 ***	-0.001 ***
	(0.000)	(0.000)
家庭成员受教育程度	0.000	0.000
	(0.000)	(0.000)
家庭女性比	0.000	0.000
	(0.000)	(0.000)
村庄非农经济	0.063 ***	0.098 ***
	(0.012)	(0.009)

续表

变量	农业生产纯技术效率	
	农业生产专业户	普通农户
	模型 4 - 1	模型 4 - 2
村庄统一灌溉排水服务	- 0.027 **	0.004
	(0.011)	(0.006)
村庄统一购买生产资料服务	0.017	- 0.016
	(0.014)	(0.010)
村庄统一提供生产技术培训服务	- 0.020 *	- 0.005
	(0.011)	(0.007)
省份虚拟变量	控 制	控 制
常数项	0.503 ***	0.522 ***
	(0.032)	(0.015)
观测值	2557	3617
R^2	0.282	0.171

注：***、**、* 分别代表在1%、5%、10%的统计水平上显著，括号内为稳健标准误。

三 进一步分析2：基于农机社会化服务的考察

农机社会化服务隐含着重要的行为发生学意义。一方面，通过机械替代劳动以节省生产成本和交易成本，已经成为农户改善要素配置效率的重要选择（张露、罗必良，2018；Zhang et al.，2017；Benin，2015）；另一方面，农机作业与劳动力之间具有着替代关系，这意味着农机服务通过置换农户中的劳动力实现农业经营实质主体的变更。

前面提及农地确权带来的要素配置改变与小农经营管理水平的不匹配是农业生产纯技术效率耗散的重要原因，而农机服务所具有的集约化和精细化特征显然可以改善要素配置的效率。可以认为，农机社会化服务的发展以及在农户家庭农业生产中的广泛使用将弱化农地确权纯技术效率耗散效应。

在表6-6的估计结果中，模型5-1的估计结果表明，农地确权将会诱发纯技术效率耗散；模型5-2的估计结果显示，农机社会化服务将会实现农业生产纯技术效率的提升；模型5-3的交互项估计结果证明，农机社会化服务采用可以消减农地确权纯技术效率耗散效应。这表明农机技术要素对于确权效率决定的积极影响。

表6-6　农业社会化服务对农地确权纯技术效率决定的影响

变量	纯技术效率		
	模型5-1	模型5-2	模型5-3
农地确权	-0.038*** (0.006)		-0.025 (0.022)
农业社会化服务		0.036*** (0.012)	0.046** (0.020)
农地确权×农业社会化服务			-0.010 (0.024)
家中是否有大型农具	-0.075*** (0.017)	-0.011 (0.019)	-0.007 (0.020)
家庭成员平均年龄	-0.001*** (0.000)	-0.001** (0.000)	-0.001 (0.000)
家庭成员受教育程度	0.000 (0.000)	0.000 (0.000)	0.000 (0.000)
家庭女性比	0.000 (0.000)	0.000 (0.000)	0.000 (0.000)
村庄非农经济	0.101*** (0.008)	0.051*** (0.015)	0.054*** (0.015)
村庄统一灌溉排水服务	-0.002 (0.006)	0.025*** (0.009)	0.024** (0.010)
村庄统一购买 生产资料服务	-0.015 (0.010)	-0.058*** (0.017)	-0.053*** (0.018)

续表

变量	纯技术效率		
	模型 5 - 1	模型 5 - 2	模型 5 - 3
村庄统一提供生产技术培训服务	- 0.003 (0.007)	0.024 ** (0.010)	0.030 *** (0.010)
省份虚拟变量	控制	控制	控制
常数项	0.523 *** (0.015)	0.384 *** (0.027)	0.387 *** (0.033)
观测值	6174	2509	2304
R^2	0.174	0.122	0.124

注: *** 、** 分别代表在 1%、5% 的统计水平上显著,括号内为稳健标准误。

为验证表 6 - 6 的估计结果的稳健性,进一步通过分组检验农业社会化服务的作用。将全部样本分为使用了农业社会化服务和未使用农业社会化服务两组,分别检验农地确权的纯技术效率决定效应。模型 6 - 1 的估计结果显示,对于使用了农机社会化服务的农户而言,农地确权在 10% 的水平上显著正向影响农业生产纯技术效率,从而证明了农机社会化服务对于纯技术效率实现中的积极作用。而模型 6 - 2 的估计结果显示,在未使用农业社会化服务而采用传统农耕的农户家庭中,确权依然具有显著的纯技术效率耗散效应。表 6 - 7 的估计结果进一步证明了,农机社会化服务在替代农村劳动力、提高资源配置效率中发挥着重要作用。

表 6 - 7　　　　　　　基于农业社会化服务的分组检验

变量	纯技术效率	
	使用了农业社会化服务	未使用农业社会化服务
	模型 6 - 1	模型 6 - 2
农地确权	0.020 * (0.012)	- 0.013 *** (0.003)

续表

变量	纯技术效率	
	使用了农业社会化服务	未使用农业社会化服务
	模型 6-1	模型 6-2
家中是否有大型农具	-0.018	-0.010
	(0.037)	(0.025)
家庭成员平均年龄	0.000	-0.002 **
	(0.000)	(0.001)
家庭成员受教育程度	0.000	0.000
	(0.000)	(0.001)
家庭女性比	0.000	0.000
	(0.000)	(0.001)
村庄非农经济	0.096 ***	-0.042
	(0.019)	(0.029)
村庄统一灌溉排水服务	0.017	0.015
	(0.013)	(0.025)
村庄统一购买生产资料服务	-0.044 **	-0.047
	(0.022)	(0.033)
村庄统一提供生产技术培训服务	0.044 ***	0.055 *
	(0.013)	(0.030)
省份虚拟变量	控制	控制
常数项	0.404 ***	0.416 ***
	(0.038)	(0.101)
观测值	1856	448
R^2	0.137	0.163

注：***、**、*分别代表在1%、5%、10%的统计水平上显著，括号内为稳健标准误。

第四节　农机社会化服务对农业劳动力转移的影响

在农地确权诱发纯技术效率耗散的要素配置逻辑中，本书提出了一个重要观点：正是中国小农长期以来的小规模、精细化、精耕细作的模式固化了农民有限的经营管理水平，从而致使无法有效匹配农地确权带来的要素配置的改变，导致纯技术效率耗散。而农机社会化服务具有提高要素配置效率的重要功能，而且最重要的是可以替代农业劳动力。但由此带来的问题是：农机社会化服务极大解放了农业劳动力并诱发农业劳动力外出务工，会诱发农村劳动力流失吗？快速发育的农业社会化服务市场通过对农业劳动的替代效应，以及由此引发的劳动力非农转移的挤出效应，是否意味着农业劳动人口的"离农化"呢？如果真是如此，从逻辑上说，农机社会化服务首先挤出的应该是具有非农就业比较优势的农民，这部分劳动力由学历水平较高、年龄结构较小的劳动力组成，这部分劳动力的非农转移也带走了农村劳动力中学习能力最强的精壮部分，致使先进的经营管理知识更加难以应用到农村农地经营中，导致农业生产的纯技术效率抑制效应。但我们必须加以验证的是：农机社会化服务真的会诱发农村部门精英劳动力流失吗？

一　宏观证据描述

表 6 - 8 汇报了 2006—2015 年我国农机社会化服务使用与劳动力非农转移的状况。初步发现如下：首先，截至 2015 年，农业农村部门内依然存在 3 亿多劳动力，还未出现农村劳动力转移殆尽的情况；其次，农业经营中每亩土地购买农机服务的年均花费和农机服务成本占粮食生产总成本的比例均呈现递增趋势，但农村外出务工劳动力增速呈现递减趋势，并且农村外出务工劳动力占比增长率从 2006 年的 30.5% 降至 2015 年的 0.9%。可以认为，随着农户更多使用农机社会化服务，农村外出务工劳动力规模并未出现大规模增长。

表6-8　　2006—2015年我国农机社会化服务使用与劳动力非农转移的状况

年份	农村劳动力规模（万人）	农村外出务工劳动力规模（万人）	农村外出务工劳动力占比增长率（%）	农业机械化服务（元/亩·年）	农机服务成本占粮食生产总成本的比例（%）
2006	53580.210	16002.820	30.5	129.605	0.101
2007	51191.500	17153.700	12.2	144.807	0.111
2008	52214.200	18186.000	3.9	174.471	0.119
2009	53210.000	18982.200	2.4	187.074	0.120
2010	54069.600	20087.500	4.1	214.701	0.131
2011	55169.800	20988.700	2.4	238.644	0.128
2012	55747.388	21970.646	3.6	271.113	0.125
2013	56120.035	22495.760	1.7	277.501	0.126
2014	56757.600	23027.091	1.2	303.728	0.134
2015	57096.888	23377.241	0.9	314.273	0.140

　　资料来源：《中国农村经营管理统计年报》（2006—2015年）和《中国农产品成本收益资料汇编》（2007—2016年）。其中，农业机械化服务采用的是各省份三种主粮（稻谷、玉米和小麦）每亩年均采用机械服务花费，并利用历年消费者价格指数（CPI）调整为2006年的不变价格。

二　实证结果与分析

1. 农机外包服务的劳动力替代效应与挤出效应

表6-9的估计结果显示。首先，对照杜宾—吴—豪斯曼检验的结果，表6-9的估计结果面临内生性问题。其次，弱工具变量检验和识别不足检验表明，本章所采用的工具变量不存在弱工具变量和识别不足的问题。并且，采用不同估计方法（2SLS和IV-Tobit）并未明显改变模型估计结果。

表6-9中模型7-1与模型7-2的估计结果显示，使用农机外包服务的农户中具有更少的务农劳动力，从而表明农机外包服务对劳动力具有显著的替代效应。但模型7-3与模型7-4的估计结果显示，农机外包服务并未带来外出务工劳动力规模的增长，

这意味着农机社会化服务并不必然诱发农村劳动力向城市部门的非农转移。

表6-9　　　　　　　农机外包服务的劳动力替代效应与挤出效应

变量	务农劳动力		外出务工劳动力	
	2SLS	Ⅳ-Tobit	2SLS	Ⅳ-Tobit
	模型7-1	模型7-2	模型7-3	模型7-4
农机外包服务	-0.191*** (0.045)	-0.235*** (0.057)	0.020 (0.017)	0.155 (0.107)
家庭抚养比	-0.113*** (0.011)	-0.130*** (0.015)	-0.015*** (0.004)	-0.019 (0.017)
文化程度	0.153*** (0.018)	0.180*** (0.022)	-0.057*** (0.008)	-0.245*** (0.032)
家庭女性比	-0.082*** (0.027)	-0.090*** (0.034)	-0.012 (0.013)	0.047 (0.051)
承包地面积	0.013*** (0.005)	0.022*** (0.006)	-0.007*** (0.002)	-0.022** (0.011)
农业补贴	-0.007 (0.009)	-0.010 (0.011)	0.009** (0.004)	0.038** (0.017)
农地确权	0.029*** (0.009)	0.033*** (0.012)	-0.014*** (0.005)	-0.048*** (0.017)
农地调整	-0.023 (0.015)	-0.019 (0.018)	0.000 (0.005)	-0.023 (0.033)
土地灌溉条件	0.012 (0.020)	0.010 (0.026)	-0.004 (0.012)	0.005 (0.035)
村庄非农经济	0.065*** (0.021)	0.088*** (0.028)	0.020* (0.012)	0.064 (0.041)
村庄距县/区距离	0.037*** (0.012)	0.049*** (0.015)	-0.015*** (0.005)	-0.067*** (0.022)
平原	0.050 (0.033)	0.046 (0.043)	0.001 (0.013)	0.005 (0.066)
丘陵	-0.008 (0.031)	0.018 (0.040)	0.030** (0.013)	0.141** (0.065)

续表

变量	务农劳动力		外出务工劳动力	
	2SLS	Ⅳ-Tobit	2SLS	Ⅳ-Tobit
	模型7-1	模型7-2	模型7-3	模型7-4
常数项	0.557*** (0.089)	0.291*** (0.070)	0.101*** (0.026)	0.011 (0.111)
区县虚拟变量	控制	控制	控制	控制
观测值	5039	5039	5039	5039
R^2	0.210	—	0.211	—
Under-identification test	312.563***	312.563***		
Weak identification test	322.917	322.917		
DWH test	11.884***	28.406***		

注：***、**、*分别代表在1%、5%、10%的统计水平上显著，括号内为稳健标准误。

其他控制变量的影响方面：第一，文化程度低的家庭成员越多，务农劳动力越多，外出务工劳动力越少。原因在于，学历低的劳动力并不具有外出务工的比较优势，文化程度限制了劳动力就业选择。第二，农地确权通过赋予农民"准私有"的农地产权激励农民的农业生产性行为，从而提高家庭务农劳动力比例。第三，村庄非农经济的发展缩短了村社农民务工半径，这意味着农民并不需要完全离农，而可以作为兼业的方式继续从事农业经营，显然，这不仅不会减少，反而将增加务农劳动力。第四，村庄距县/区距离越远意味着更高的外出务工成本和更不经常的信息获取，从而制约村社农民外出务工。

2. 稳健性检验（1）：工具变量有效性检验

为确保本章估计结果的稳健性，需要对所选择的工具变量有效性做进一步分析。有效的工具变量需要满足相关性与外生性两个条件。关于相关性的检验，表6-10中模型8-1汇报了工具变量第一阶段的估计结果，工具变量在1%的显著性水平上影响内生变量，从而满足相关性要求。关于外生性检验，本书利用控制内生变量后检验工具变量是否与被解释变量之间相关加以识别（李宁等，2020），控制内生变量后，工具变量与被解释变量不相关即验证工具变量的外生性。

表6-10　　　　　　　　　　　**工具变量有效性检验**

变量	工具变量第一阶段回归	外生性检验			
	被解释变量：农机外包服务	被解释变量：务农劳动力		被解释变量：外出务工劳动力	
	模型8-1	模型8-2	模型8-3	模型8-4	模型8-5
农机外包服务	—	—	-0.033 *** (0.012)	—	0.002 (0.006)
村庄内其他农户参与农机外包率	0.718 *** (0.040)	-0.029 * (0.015)	0.002 (0.018)	0.034 ** (0.014)	0.013 (0.017)
其他控制变量	控制	控制	控制	控制	控制
常数项	0.074 *** (0.063)	0.256 *** (0.029)	0.257 *** (0.029)	0.215 *** (0.024)	0.168 *** (0.026)
R^2	0.626	0.157	0.159	0.189	0.213
观测值	5039	5039	5039	5039	5039

注：***、**、* 分别代表在1%、5%、10%的统计水平上显著，括号内为稳健标准误。

表6-10中的模型8-2、模型8-3和模型8-4、模型8-5分别给出了控制内生变量前后工具变量对被解释变量的回归结果，显示当控制了内生变量（农机外包服务）后，工具变量对被解释变量（务农劳动力和外出务工劳动力）的影响由显著变为不显著，表明本书工具变量的外生性比较可靠，满足排他性约束条件。可以认为，表6-10的估计结果较为可信。

3. 稳健性检验（2）：来自村庄层面的证据

本书的基本逻辑是，农民采用农机外包服务将有效替代农业劳动力，但并不必然诱发劳动力向城市部门的转移。实际上所表达的含义是，农业生产方式从传统农耕转变为分工外包，虽然将诱发农村务农劳动力的替代效应，但农业分工深化与农机外包服务对传统农业的改造也具有吸引劳动力留在农村的功能。基准回归中使用的是农户层面的数据，从家庭内部的劳动力就业结构刻画农机外包服务的劳动力配置效应。但从整个村庄的角度来看，村社农机服务的发展是否依然存在同样的劳动力配置效应？逻辑上讲，同村内部的社会网络关系较强，因而同一村社内的成员具有较强的同群效应与聚类效应，农机外包服务的劳动力配置效应在村庄层面应具有一致的体现。而且，农户家庭成员作为利益共同体，可能产生内部分工，从而出现既购买农机服务，也有劳动力外出务工的现象，这可能也是农机外包服务在农户层面并未表现出对劳动力外出务工具有显著抑制作用的原因。因此，逻辑上讲，支持本书基本逻辑的证据在宏观层面将更加明显。可以推断，在村庄层面，农机外包服务可能表现出劳动力外出务工的抑制效应。

为验证这一推论，本节采用 CLDS 数据集村庄层面的数据，以问卷中"村庄劳动力中从事农业生产的比例"和"村庄劳动力外出务工占比"的问项结果作为本节的被解释变量，以"村庄是否统一提供机耕服务"的问项结果作为本节的核心解释变量，刻画村庄参与农机社会化服务的程度（具体赋值：有机耕服务 =1，无机耕服务 =0）。表 6–11 分别使用 OLS 模型与 2SLS 模型进行估计，无论是系数大小、方向，还是显著性，均具有一致性。检验结果显示，村庄统一提供机耕服务不仅显著减少务农劳动力，而且显著抑制村庄劳动力外出务工，从而表明本书基本逻辑稳健。

表 6 - 11　　　　　　　　　　使用村庄层面数据的再估计

变量	村庄务农劳动力占比		村庄外出务工劳动力占比	
	2SLS	OLS	2SLS	OLS
	模型 9 - 1	模型 9 - 2	模型 9 - 3	模型 9 - 4
村庄提供机耕服务	- 0. 027 *** (0. 008)	- 0. 044 *** (0. 008)	- 0. 224 ** (0. 097)	- 0. 165 *** (0. 034)
其他变量	控制	控制	控制	控制
常数项	1. 183 *** (0. 050)	0. 432 *** (0. 037)	- 1. 475 *** (0. 206)	2. 316 *** (0. 122)
观测值	156	156	156	156
R^2	0. 793	0. 795	0. 917	0. 917
Under - identification test	1486. 806 ***	1469. 916 ***		
Weak identification test	1742. 598	1722. 947		
DWH test	96. 974 ***	4. 160 **		

注：***、** 分别代表在 1%、5% 的统计水平上显著，括号内为稳健标准误。

4. 稳健性检验（3）：PSM 的再估计

虽然互为因果是本书内生性的主要来源，但依然不能忽视自选择的问题。为解决样本的自选择问题，本书使用倾向得分匹配法（PSM）重新估计农机外包服务对务农劳动力和外出务工劳动力的影响。为此，分别将采用农机外包服务的农户设定为实验组，尚未采用农机外包服务的农户设定为控制组。同时，采用最近邻匹配、半径匹配和核匹配三种匹配策略估计农机外包服务的平均处理效应（ATT）。表 6 - 12 结果显示，在三种匹配方式之下，采用农机外包服务均会减少家庭务农劳动力占比，农机外包服务对务农劳动力有显著的替代作用。但农机外包服务并未对农户家庭外出务工劳动力产生影响。这一结果与上文基准检验结果基本一致，由此进一步验证本结论稳健。

表6-12 基于倾向得分匹配法的再估计

变量	匹配方式	ATT	t
务农劳动力	最近邻匹配	-0.044***	-4.330
	半径匹配	-0.043**	-2.170
	核匹配	-0.034*	-1.840
外出务工劳动力	最近邻匹配	0.029***	5.440
	半径匹配	-0.003	-0.310
	核匹配	-0.011	-1.280

注:***、**、*分别代表在1%、5%、10%的统计水平上显著。

三 机理分析与讨论

1. 破解"农业劳动力转移的去向之谜"

（1）农机外包服务与农业劳动力农内务工。本书的一个重要观点是，农业分工具有节约劳动力的特征，但并不必然诱发农业劳动力外出务工，农业分工深化将拓展农村就业空间并诱导农业剩余劳动力的就地转移，从而以此回答了"农业劳动力转移的去向之谜"。为验证这一推论，根据 CLDS 个体层面问卷中"您的工作地点"① 与"您的全年工资性收入"的问项结果，将在本村、本乡镇其他村居和县/区内的其他乡镇工作且获得工资性收入的家庭劳动力视为农村内部务工劳动力，将其占比作为因变量进行回归分析。表6-13 的估计结果显示，农机外包服务显著促进了农户家庭劳动力向农村部门内部的非农转移。从而解答了"农业劳动力转移的去向之谜"。

---

① 在 CLDS 问卷中"您的工作地点"的问项结果包括本村居、本乡镇的其他村居、县/区内的其他乡镇（不含县/区城）、县/区城和本县/区以外。本书根据 CLDS、《农民工监测调查报告》以及《中国农村经营管理统计年报》的分类标准，将工作地点位于本村居、本乡镇的其他村居和县/区内的其他乡镇（不含县/区城）的农民定义为在农业农村部门内部工作。

表 6 - 13   农机外包服务与农业劳动力农内务工

变量	农业劳动力农内务工	
	2SLS	IV-Tobit
	模型 10 - 1	模型 10 - 2
农机外包服务	0.171 ***	0.171 ***
	(0.048)	(0.054)
其他控制变量	控制	控制
常数项	0.343 ***	0.493 ***
	(0.091)	(0.061)
观测值	5039	5039
R^2	0.183	
Under – identification test	312.563 ***	
Weak identification test	322.917	
DWH test	8.087 ***	

注: *** 代表在1%的统计水平上显著, 括号内为稳健标准误。

（2）农机外包服务与农户在农村的务工收入：农户层面的证据。本节从务工收入的角度再次考察农机外包服务诱发农业劳动力向农村非农部门的转移。在上节拟合的农村非农部门就业劳动力的基础上，根据家庭问卷编码统计出农户家庭在农村部门内部的务工收入，以此作为被解释变量进行回归分析。表 6 - 14 中模型 11 - 1 和模型 11 - 2 的估计结果均显示，农机外包服务在1%的显著性水平上正向影响农户农村务工收入，从而进一步验证了上节的推论。

表 6 - 14   农机外包服务与农户在农村的务工收入

变量	农户在农村的务工收入（取对数）	
	OLS	2SLS
	模型 11 - 1	模型 11 - 2
农机外包服务	0.907 ***	2.455 ***
	(0.163)	(0.286)

续表

变量	农户在农村的务工收入（取对数）	
	OLS	2SLS
	模型 11 - 1	模型 11 - 2
其他变量	控制	控制
常数项	11. 803 ***	2. 163 **
	(0. 352)	(0. 948)
观测值	5039	5039
R^2	0. 103	0. 086
Under - identification test	1774. 681 ***	
Weak identification test	2694. 611	
DWH test	45. 895 ***	

注：*** 、** 分别代表在 1% 、5% 的统计水平上显著，括号内为稳健标准误。

2. 农机服务的要素配置效率检验

罗必良（2020）指出，农业比较收益下降和务农成本的不断上升将致使农业经营中劳动投入减少。事实上，农机社会化服务对传统农业的改造是全方位的，农机耕作相较于人工将更加集约，同时农机服务的标准化程度更高，可能带来较高的农业收入。而农业经营的低成本和高收入必然吸引更多的劳动力参与农业生产的竞争就业。换言之，农业生产成本与农业收入可能是农机外包服务劳动力配置效应的中间机制。本节分别以"亩均生产成本"和"亩均收入"作为中介变量进行回归分析。

表6-15 的估计结果显示，农机外包服务将降低务农成本从而成为替代务农劳动力的优选策略，亩均生产成本在农机外包服务劳动力替代效应中发挥部分中介作用。同时，农机外包服务通过降低务农成本抑制劳动力外出务工，亩均成本发挥中介作用。

表 6 - 15　　　　　　　　　　　亩均生产成本的中介效应模型

变量	务农劳动力	亩均生产成本	务农劳动力	外出务工劳动力	亩均生产成本	外出务工劳动力
	模型 12 - 1	模型 12 - 2	模型 12 - 3	模型 12 - 4	模型 12 - 5	模型 12 - 6
农机外包服务	- 0. 191 *** (0. 045)	- 0. 653 *** (0. 110)	- 0. 194 *** (0. 045)	0. 020 (0. 017)	- 0. 653 *** (0. 110)	0. 026 (0. 017)
亩均生产成本			0. 012 *** (0. 002)			- 0. 002 (0. 001)
其他控制变量	控制	控制	控制	控制	控制	控制
常数项	0. 557 *** (0. 089)	4. 156 *** (0. 543)	0. 515 *** (0. 089)	0. 101 *** (0. 026)	4. 156 *** (0. 543)	0. 119 *** (0. 027)
R^2	0. 210	0. 141	0. 213	0. 211	0. 141	0. 211
观测值	5039	5061	4976	5039	5061	4976
索贝尔检验	0. 006 *** (0. 001) Z = 4. 771 *** 中介效应显著			- 0. 002 ** (0. 001) Z = - 2. 263 ** 中介效应显著		
Under – identification test	312. 563 ***	313. 134 ***	311. 154 ***	312. 563 ***	313. 134 ***	311. 154 ***
Weak identification test	322. 917	323. 753	321. 503	322. 917	323. 753	321. 503
DWH test	11. 884 ***	6. 714 **	11. 965 ***	28. 406 ***	6. 700 **	8. 996 **

注: ***、** 分别代表在 1%、5% 的统计水平上显著, 括号内为稳健标准误。

表 6 - 16 的估计结果显示, 农户选择农机外包将显著提高务农收入从而替代务农劳动力并抑制劳动力外出务工。亩均收入在农机外包服务的劳动力替代效应中发挥部分中介作用, 在外出务工劳动力影响中发挥完全中介作用。

表6-16　　　　　　　　　　亩均收入的中介效应模型

变量	务农劳动力	亩均收入	务农劳动力	外出务工劳动力	亩均收入	外出务工劳动力
	模型13-1	模型13-2	模型13-3	模型13-4	模型13-5	模型13-6
农机外包服务	-0.191*** (0.045)	1.287*** (0.494)	-0.198*** (0.046)	0.020 (0.017)	1.287*** (0.494)	0.027 (0.017)
亩均收入			0.008*** (0.001)			-0.002** (0.001)
其他控制变量	控制	控制	控制	控制	控制	控制
常数项	0.557*** (0.089)	3.460*** (0.799)	0.539*** (0.090)	0.101*** (0.026)	3.460*** (0.799)	0.118*** (0.026)
R^2	0.210	0.414	0.211	0.211	0.414	0.212
观测值	5039	4984	4984	5039	4984	4984
索贝尔检验	0.007*** (0.001) $Z=5.614$*** 中介效应显著			-0.003*** (0.001) $Z=-4.931$*** 中介效应显著		
Under-identification test	312.563***	312.292***	308.416***	312.563***	312.292***	308.416***
Weak identification test	322.917	322.740	318.404	322.917	322.740	318.404
DWH test	11.884***	3.997**	12.926***	28.406***	3.997**	10.577***

注：***、**分别代表在1%、5%的统计水平上显著，括号内为稳健标准误。

第五节　小结

中国农民长期从事精耕细作的小规模生产，经营规模较小，资源配置难度较低，农民仅需要有限的经营管理水平就可以完成自家一户的农业生产。可以说，中国历来的尖锐的人地矛盾决定了中国小农自古以来就缺乏规模经营的经验和与规模化相匹配的经营管理水平积累。因此，农地确权引发要素配置的改变，但农民如果尚不具备相对应的经营管理水平，将会诱发农业生产效率的损失。而幸运的是，有别于美国与日本，中国农业现代化走出了"第三条道路"，即引导小农卷入分工经济，大力发展农业社会化服务。农机外包服务具有劳动力替代效应和农机社会化服务所具有的提高要素配置效率的功能已经得到众多文献的支持，因此农机社会化服务将成为扭转农地确权纯技术效率决定的重要角色。但必须警惕的是，农机社会化服务替代农村劳动力可能诱发农村精英劳动力的流失。农机社会化服务所替代的农村剩余劳动力一定会向城市部门转移吗？已有研究所给出的答案均先验地肯定了农村剩余劳动力向城市部门转移的必然性，忽视了农机社会化服务对传统农业的改造作用，也忽视了农业分工深化所引发的农业多样性的业态发展和农村就业创业空间的拓展对劳动力的"吸力"。

本书认为，农村与城市部门具有同等的经济地位，随着农机技术等现代生产要素的引入以及对传统农业的改造，考量两部门间的要素流动问题必须细致观察农业自身的变化并深入考察农业农村部门内生的优势。一个农业经济不断增长、农业业态不断丰富、农业经营日益高尚的农业农村部门，正在成为农业劳动力和优质人才集聚的高地，农民智慧的汇聚将使农业生产纯技术效率得到极大提高。

本章使用2016年中国劳动力动态调查数据，首先验证了农地确权带来的要素配置改变将诱发农业生产纯技术效率耗散，进一步发现相较于普通农户和传统农耕，农业生产专业户和农机社会化服务将减弱这一消极趋势。本章进一步讨论了农机社会化服务对农业劳动力的替代效应并进一步证明了农户参与农机外包服务将有效替代务农劳动力，但并未诱发劳动力外出务工规模的扩大，农机社会化服务对农村劳动力具有挤出效应的学界主流观点并不成立。本书的研究表明，农机外包服务具有抑制农业劳动力外出务工的趋势。进一步证据表明，相较于传统农耕，农机社会化服务具有降低农业生产成本、提高务农收益的优势，因此使用农机外包服务替代农业劳动力成为农户农业经营的优选策略。

第 七 章

结论与讨论

第一节 主要结论

从家庭联产承包责任制开始，中国进行了多轮农地制度改革，其目的在于延长承包期，稳定农民的预期。在前期承包经营权证书发放不彻底的基础上，2009 年开始新一轮的农地确权。赋予农民地权以法律保障激励农民的农业生产积极性并提高农业生产效率，不仅影响中国未来的农业经营格局，也对世界其他发展中国家具有重要的借鉴作用。本书通过构建"农地确权、情境约束与农业生产效率"的分析框架，结合中国劳动力动态调查等相关数据进行实证研究，主要研究结论如下。

第一，农地确权并未如理论预期和政策导向所提及的会带来农户农业生产效率的改善，总体而言，农地确权对农业生产综合效率的提高具有正效应，且提高了农户农业生产的规模效率，但显著抑制农户农业生产纯技术效率，呈现农地确权的纯技术效率耗散现象；村庄统一提供的外部农机服务会造成农业生产效率耗散，农户内部的农机服务是有效率的，并且在规模化情境下，农户家庭的农机自我服务效率强于外包服务；劳动力非农转移引致的农户家庭兼业化程度加深将会带来农户农业生产纯技术效率的提高。在农地确权背景下，全职农民并不具备与生产要素改变相匹配的农地经营管理水平和技术要素应用能力。

第二，基于农地确权的历史情境，从农地调整经历的角度重新逻辑一致地解析农地确权的纯技术效率耗散效应发生的产权逻辑。将农地调整和农地确权分别视为自上而下的"约束机制"和"补偿机制"，探讨在两种机制的平衡和失衡状态下，农户农业生产纯技术效率的决定机理。研究表明，对"约束机制"与"补偿机制"失衡的两类农户群体，或者说对于无农地调整经历与经历过大调整的农户而言，确权政策对农户纯技术效率的影响将弱化。而"约束机制"与"补偿机制"走向平衡的具有农地小调整经历的确权农户是最有效率的农地经营主体。因此，对于农地无调整、小调整、大调整的三类农户，农地确权的经济绩效大体呈倒"U"形结构。

第三，农地确权带来的农业投资增加导致农户农业生产的纯技术效率的损失，但有别于普通农户和未采用农机外包服务的农户，农业生产专业户和采用农机社会化服务的农户，农地确权对农业生产纯技术效率具有正效应。其根源在于：首先，农机社会化服务将替代农业劳动力，农机社会化服务具有成本低、收益高的优势，技术要素的集约化、标准化优势将实现经营主体错配下的效率损失弱化。因此使用农机外包服务替代劳动力成为农户农业经营的优选策略。其次，进一步的实证分析发现，农机社会化服务并不会挤出农业劳动力。正是由于农业分工经济所具有的改造传统农业、拓展农村就业空间的功能，决定了农机外包服务并不必然诱发农业劳动力外出务工，反而具有吸引劳动力就地非农转移的趋向。发展农机社会化服务将成为农村与城市争夺人才的重要策略。

第二节 进一步讨论与政策建议

一 进一步讨论

农地确权对农户农业生产效率的影响是多重的。本书感兴趣的问题是：农地确权因何导致了农户农业生产效率的部分损失？本书的估计结果已经显示，农地确权引致的农户纯技术效率降低是效率损失的最主要原因。因而，以上问题就转变为：为什么农地确权对纯技术效率具有显著负效应？首先，普通农户家庭内部并没有与外部条件相匹配的农地经营、技术要素使用和资金管理水平。这是产生纯技术效率抑制效应的原因之一。其次，本书的实证结果表明，农地确权通过促进农业投资增加以抑制纯技术效率的提高，农地确权使农户在独有使用权、交易权和收益权情况下加强农地长期投资、增加农地转入实现适度规模化经营，这与我国实施农地确权的政策目标是一致的。但是并未考虑到农户长期以来规模化、投资化经营经历的缺失所导致的农户家庭规模经营管理经验匮乏、农地投资管理能力不足的现状。这也引发我们思考，在当前农户规模化经营能力和资金管理水平有限的情况下，盲目扩大农地经营规模和增加农地资金投入是否会"揠苗助长"。再次，不同的农户家庭拥有不同的农业生产与非农生产的比较优势，家庭内部不同劳动力之间同样存在留村务农与外出务工的比较优势。最后，地权稳定性增强加速分离了不同比较优势的劳动力分工，加剧了农户在不同比较优势之间作出选择，具有外出务工比较优势的劳动力将进行非农转移，这部分劳动力由学历水平较高、年龄结构较小的劳动力组成，地权稳定性增强促使其转出土地、外出务工甚至逐步退出农业生产，这部分劳动力的非农转移也带走了农村劳动力中学习能力最强的精壮部分，致使先进的经营管理知识更加难以应用到农村农地经营中，导致了农业生产的纯技术效率抑制效应。

与叶剑平等（2006）、黄季焜等（2008）所持的观点不同，本书并不先验地将农地调整视为不安全的产权表达形式，而是将农地调整和农地确权分别视为一种自上而下的"约束机制"和"补偿机制"。"约束机制"和"补偿机制"均具有诱导农户改善农业经营管理水平，实现农业生产纯技术效率的激励作用。但文章强调，"约束机制"与"补偿机制"的失衡将诱发纯技术效率耗散。其内因在于，缺乏"约束机制"保障而"唾手可得"的地权是"低价值"的，农户对其珍惜程度有限；"补偿机制"在不同农户之间是同质的，因而在"约束机制"中损失惨重的农户无法获得区别于其他农户的心理补偿。"约束机制"与"补偿机制"走向平衡将实现农户农业生产纯技术效率的改善。

虽然农地确权政策的实施似乎是合乎效率的选择，但值得重视的是，完全没有"约束机制"保障可能影响农地确权的绩效表现。本书研究表明，地权制度安排需要在"激励—约束"机制的平衡状态下实现效率，缺乏"约束机制"保障的赋权政策是低效率的。众多学者批评农地调整造成农业生产效率下降，却忽视了农地调整的产权反向激励和内部约束作用，这应该引起人们的反思。但本书并不主张农地调整的合理性，而是强调农地确权的实施亟待具有"约束机制"性质的匹配措施。

二 政策建议

结合研究结论，本书提出如下政策建议。

第一，政府应该加强对农户进行规模经营管理、资金管理等的专业培训，以提升农业生产的农户内部条件与外部条件相匹配。积极推进农户农机自我服务机制建设，积极引导小农户参与农机社会化分工经济，鼓励专业化种植，增加服务外包的市场容量，降低外包服务成本。

第二，作为制度遗产的农地调整，随着时间渐远和代际更替，其反向激励作用必然逐渐弱化。稳定地权的政策努力也将极大限制地权变更的发生，但会增加"补偿"与"约束"失衡的可能性。农地确权将推进并深化具有不同比较优势农户的劳动力分工，家庭成员的非农转移与收入结构改变将降低农地在农户心中的重要程度，弱化农民对土地的生存依附。这意味着，对于选择空间不断扩大的中国农民来说，"约束机制"与"补偿机制"的失衡可能导致农地心理价值下降并促使农户策略性地离农弃农，从而恶化农业生产的社会生态结构。这显然有悖于中国农村土地制度改革的基本目标。因此，当前亟须从立法层面明确农户农地产权权益，重申与之关联的相应义务或约束，从而形成责权对应以及"激励—约束"的制衡机制。此外，应进一步优化农地确权的实施环境，保障农民地权的排他性与政策实施的稳定性，积极推进农地确权政策的实际落地，避免"确空权"的现象，不断改善和强化农民对农地确权的政策信任。

第三，发展是第一要务，人才是第一资源。乡村振兴也需要有生力军，要让精英人才到乡村的舞台上大施拳脚，让农民企业家在农村壮大发展。本书的研究结论将缓解公众对农村劳动力流失和农村空心化的担忧。农业社会化服务的发展是中国实现农业现代化的必然选择，但也要重新认识农业社会化服务丰富农业业态与拓展农村就业空间的功能。为此，加强引导和推进农业社会化服务市场的发育，不断改造传统农业并强化农业农村部门对劳动力的"吸力"，诱导更多的农业劳动力和优质人才留农返乡从而建设农村，是未来政策调整不可忽视的重要策略。同时要进一步完善农地流转市场，诱导农地向"能人"的流转集中，大力培育农业生产专业户队伍和新型农业经营主体。

第三节　研究不足与展望

一　研究不足

一是对农业生产规模效率实现机制的关注不足。本书主要关注农地确权诱发效率部分耗散的特殊现象和中国问题,试图基于历史情境和现实情境解释出现这一现象的产权逻辑、要素配置逻辑。虽然本书发现了农地确权将实现农业生产规模效率,但没有对这一实现机制或者中国经验给予足够的关注和提炼。因此,这需要在接下来的研究中单独对其加以研究和讨论。

二是从微观农户入手,缺乏对农业的宏观把握。本书的研究无论是理论构建,还是数据分析都是从微观农户的视角进行的。但对于农地确权在宏观层面会如何影响全国的农业生产效率,缺乏相关的研究,这可能造成对于整体缺乏把握。

三是只做短期分析,缺乏长期展望。由于本书使用的数据只是一期结构,本书所做的所有分析都是短期分析,难以对农地确权的长期效应有较好的把握。

二　研究展望

第一,农地确权政策可以说是自家庭联产承包责任制改革以来最为重要的地权制度变革。其效率决定问题无疑是非常关键和重要的,不仅关乎我国农业经济的健康发展,也关乎这一重大政策变革的历史定位。因此,未来需要充分对农地确权的效率机制进行论证和长期观察,并且研究制定更加全面的地权政策实施和执行的配套机制,保障农地确权政策朝着有利于农民利益获得,以及有利于国家宏观目标的方向发展。

第二,运用其他数据,对模型进行检验,细化产权的约束条件。利用其他公开数据,包括中国不同区域的农户数据或者其他处于不同发展阶段国家的农户数据，检验本书研究结论的稳健性，进而总结经验，更深入地分析农地产权发挥作用的约束条件，争取对产权理论和制度经济学有更加深入的了解。

第三，继续收集数据，观察农地确权的长期效应。农地确权从法律的角度强化农民地权安全性，实际上也同时赋予了农民更充分的要素配置权利，赋予劳动力更加自由流动的能力。其为农业的未来发展奠定制度基础，对农业具有长远的影响，需要持续收集相关的数据，密切关注农地确权对农民、农村和农业的长期影响。

参考文献

一 中文文献

白小虎：《论分工与就业的关系——发展经济学两大定理及其现实意义的初步考察》，《浙江社会科学》1999 年第 5 期。

包刚升：《第三波民主化国家的政体转型与治理绩效（1974—2013）》，《开放时代》2017 年第 1 期。

布兰特·洛伦、李果、黄季焜：《中国的土地使用权和转移权：现状评价》，《经济学（季刊）》2004 年第 3 期。

蔡昉：《劳动力迁移的两个过程及其制度障碍》，《社会学研究》2001 年第 4 期。

蔡键、唐忠：《华北平原农业机械化发展及其服务市场形成》，《改革》2016 年第 10 期。

陈海磊、史清华、顾海英：《农户土地流转是有效率的吗？——以山西为例》，《中国农村经济》2014 年第 7 期。

陈吉元、胡必亮：《中国的三元经济结构与农业剩余劳动力转移》，《经济研究》1994 年第 4 期。

陈江龙等：《土地登记与土地可持续利用——以农地为例》，《中国人口·资源与环境》2003 年第 5 期。

陈强：《高级计量经济学及 Stata 应用》，高等教育出版社 2010 年版。

陈思羽、李尚蒲：《农户生产环节外包的影响因素——基于威廉姆森分析范式的实证研究》，《南方经济》2014 年第 12 期。

陈锡文:《关于农村土地制度改革的两点思考》,《经济研究》2014
　　年第 1 期。

陈锡文等:《中国农村制度变迁 60 年》, 人民出版社 2009 年版。

程令国、张晔、刘志彪:《农地确权促进了中国农村土地的流转
　　吗?》,《管理世界》2016 年第 1 期。

戴维、陈欢:《农地确权、耕地转入对农业技术效率影响研究——基
　　于湖南省水稻种植调查数据的实证分析》,《价格理论与实践》
　　2018 年第 5 期。

董莹、穆月英:《合作社对小农户生产要素配置与管理能力的作
　　用——基于 PSM - SFA 模型的实证》,《农业技术经济》2019 年第
　　10 期。

杜鑫:《劳动力转移、农地租赁与农业资本投入的联合决策分析》,
　　《中国农村经济》2013 年第 10 期。

付江涛、纪月清、胡浩:《新一轮承包地确权登记颁证是否促进了农
　　户的土地流转——来自江苏省 3 县 (市、区) 的经验证据》,《南
　　京农业大学学报》(社会科学版) 2016 年第 1 期。

盖庆恩、朱喜、史清华:《劳动力转移对中国农业生产的影响》,
　　《经济学 (季刊)》2014 年第 2 期。

耿鹏鹏:《"规模实现"抑或"技术耗散":地权稳定如何影响农户
　　农业生产效率》,《南京农业大学学报》(社会科学版) 2021 年第
　　1 期。

郭剑雄:《劳动力选择性转移下的农业发展》, 中国社会科学出版社
　　2012 年版。

郭明星、董直庆、王林辉:《经济增长制度决定论的前沿文献综述》,
　　《经济学动态》2008 年第 8 期。

韩长赋:《明确总体要求 确保工作质量 积极稳妥开展农村土地承包
　　经营权确权登记颁证工作》,《农村经营管理》2015 年第 3 期。

何炼成:《劳动力转移的择优性与中国农业发展的前景——评劳动力

选择性转移下的农业发展》,《经济研究》2013 年第 8 期。

贺振华:《农村土地流转的效率分析》,《改革》2003 年第 4 期。

洪炜杰、胡新艳:《地权稳定性与劳动力非农转移》,《经济评论》
2019 年第 2 期。

洪炜杰、罗必良:《制度约束、农地调整和劳动力非农转移》,《江
海学刊》2019 年第 2 期。

胡新艳、罗必良:《新一轮农地确权与促进流转:粤赣证据》,《改
革》2016 年第 4 期。

胡新艳、朱文珏、罗锦涛:《农业规模经营方式创新:从土地逻辑到
分工逻辑》,《江海学刊》2015 年第 2 期。

郇雷:《民主制度的经济增长效应:一项基于文献考察的分析》,
《浙江社会科学》2012 年第 6 期。

宦梅丽、侯云先:《农机服务、农村劳动力结构变化与中国粮食生产
技术效率》,《华中农业大学学报》(社会科学版)2021 年第 1 期。

黄枫、孙世龙:《让市场配置农地资源:劳动力转移与农地使用权市
场发育》,《管理世界》2015 年第 7 期。

黄季焜等:《从农业政策干预程度看中国农产品市场与全球市场的整
合》,《世界经济》2008 年第 4 期。

冀县卿、钱忠好:《农地产权结构变迁与中国农业增长:一个经济解
释》,《管理世界》2009 年第 1 期。

江鑫、黄乾:《耕地规模经营、农户非农兼业和家庭农业劳动生产
率——来自湖南省的抽样调查证据》,《农业技术经济》2019 年第
12 期。

孔泾源:《中国农村土地制度:变迁过程的实证分析》,《经济研究》
1993 年第 2 期。

李谷成、冯中朝、范丽霞:《小农户真的更加具有效率吗?——来自
湖北省的经验证据》,《经济学(季刊)》2010 年第 1 期。

李谷成、李烨阳、周晓时:《农业机械化、劳动力转移与农民收入增

长——孰因孰果？》，《中国农村经济》2018 年第 11 期。

李宁等：《自购还是外包：农地确权如何影响农户的农业机械化选择？》，《中国农村经济》2019 年第 6 期。

李宁、周琦宇、汪险生：《新型农业经营主体的角色转变研究：以农机服务对农地经营规模的影响为切入点》，《中国农村经济》2020 年第 7 期。

李尚蒲、罗必良：《农地调整的内在机理及其影响因素分析》，《中国农村经济》2015 年第 3 期。

林本喜、邓衡山：《农业劳动力老龄化对土地利用效率影响的实证分析——基于浙江省农村固定观察点数据》，《中国农村经济》2012 年第 4 期。

林文声、王志刚、王美阳：《农地确权、要素配置与农业生产效率——基于中国劳动力动态调查的实证分析》，《中国农村经济》2018 年第 8 期。

刘晓宇、张林秀：《农村土地产权稳定性与劳动力转移关系分析》，《中国农村经济》2008 年第 2 期。

芦千文、吕之望：《中国农机作业服务体系的形成、演变与影响研究》，《中国经济史研究》2019 年第 2 期。

陆铭、张爽：《劳动力流动对中国农村公共信任的影响》，《世界经济文汇》2008 年第 4 期。

罗必良：《从产权界定到产权实施——中国农地经营制度变革的过去与未来》，《农业经济问题》2019 年第 1 期。

罗必良：《科斯定理：反思与拓展——兼论中国农地流转制度改革与选择》，《经济研究》2017 年第 11 期。

罗必良、林文声、邱泽元：《农地租约以及对象选择：来自农户问卷的证据》，《农业技术经济》2015 年第 9 期。

罗必良：《论服务规模经营——从纵向分工到横向分工及连片专业化》，《中国农村经济》2017 年第 11 期。

罗必良：《农地确权、交易含义与农业经营方式转型——科斯定理拓展与案例研究》，《中国农村经济》2016 年第 11 期。

罗必良：《小农经营、功能转换与策略选择——兼论小农户与现代农业融合发展的"第三条道路"》，《农业经济问题》2020 年第 1 期。

罗必良：《制度变迁：路径依赖抑或情境依赖？——兼论中国农业经营制度变革及未来趋势》，《社会科学战线》2020 年第 1 期。

罗必良：《种粮的逻辑："农地产权—要素配置—农业分工"的解释框架》，中国农业出版社 2018 年版。

罗必良：《合约短期化与空合约假说——基于农地租约的经验证据》，《财经问题研究》2017 年第 1 期。

冒佩华、徐骥：《农地制度、土地经营权流转与农民收入增长》，《管理世界》2015 年第 5 期。

宁建华：《农地产权制度变迁与农村劳动力转移》，《特区经济》2008 年第 1 期。

钱龙、洪名勇：《非农就业、农地流转与农业生产效率变化——基于 CFPS 的实证分析》，《中国农村经济》2016 年第 12 期。

钱龙等：《差序格局、利益取向与农户土地流转契约选择》，《中国人口·资源与环境》2015 年第 12 期。

钱忠好：《农村农地承包经营权产权残缺与市场流转困境：理论与政策分析》，《管理世界》2002 年第 6 期。

秦伟平、李豫新：《制度变迁影响下的劳动力转移分析》，《农村经济与科技》2007 年第 1 期。

仇童伟、罗必良：《粮食生产下滑真的源于农地产权边际效应递减吗？——来自 1978—2010 年中国省级数据的证据》，《制度经济学研究》2018 年第 1 期。

仇童伟、罗必良：《农地产权强度对农业生产要素配置的影响》，《中国人口·资源与环境》2018 年第 1 期。

仇童伟、罗必良：《农地调整会抑制农村劳动力非农转移吗?》，《中国农村观察》2017 年第 4 期。

仇童伟、罗必良：《强化地权能够促进农地流转吗？》，《南方经济》
　　2020 年第 12 期。

申红芳等：《稻农生产环节外包行为分析——基于 7 省 21 县的调
　　查》，《中国农村经济》2015 年第 5 期。

史常亮等：《土地流转对农户收入增长及收入差距的影响——基于 8
　　省农户调查数据的实证分析》，《经济评论》2017 年第 5 期。

苏卫良、刘承芳、张林秀：《非农就业对农户家庭农业机械化服务影
　　响研究》，《农业技术经济》2016 年第 10 期。

孙圣民、陈强：《家庭联产承包责任制与中国农业增长的再考察——
　　来自面板工具变量法的证据》，《经济学（季刊）》2017 年第 2 期。

王溪薇：《农村劳动力转移与农业生产均衡分析》，《求索》2007 年
　　第 8 期。

王志刚、申红芳、廖西元：《农业规模经营：从生产环节外包开
　　始——以水稻为例》，《中国农村经济》2011 年第 9 期。

辛逸：《试论大公社所有制的变迁与特征》，《史学月刊》2002 年第
　　3 期。

徐建国、张勋：《农业生产率进步、劳动力转移与工农业联动发展》，
　　《管理世界》2016 年第 7 期。

徐现祥、李郇：《中国省区经济差距的内生制度根源》，《经济学
　　（季刊）》2005 年第 4 期。

许庆、章元：《土地调整、地权稳定性与农民长期投资激励》，《经
　　济研究》2005 年第 10 期。

杨思雨、蔡海龙：《农机社会化服务对小规模农户劳动力转移的影响
　　研究》，《农业现代化研究》2020 年第 3 期。

杨小凯、黄有光：《专业化与经济组织——一种新兴古典微观经济学
　　框架》，张玉纲译，经济科学出版社 1999 年版。

杨志海、麦尔旦·吐尔孙、王雅鹏：《劳动力转移及其分化对农业生

产效率的影响——以江汉平原水稻和棉花种植为例》,《中国农业大学学报》2016 年第 2 期。

姚洋:《农地制度与农业绩效的实证研究》,《中国农村观察》1998 年第 6 期。

姚洋:《土地、制度和农业发展》,北京大学出版社 2004 年版。

叶剑平等:《2008 年中国农村土地使用权调查研究——17 省份调查结果及政策建议》,《管理世界》2010 年第 1 期。

叶剑平、蒋妍、丰雷:《中国农村土地流转市场的调查研究——基于 2005 年 17 省调查的分析和建议》,《中国农村观察》2006 年第 4 期。

应瑞瑶、徐斌:《农户采纳农业社会化服务的示范效应分析——以病虫害统防统治为例》,《中国农村经济》2014 年第 8 期。

游和远:《地权激励对农户农地转出的影响及农地产权改革启示》,《中国土地科学》2014 年第 7 期。

展进涛、张燕媛、张忠军:《土地细碎化是否阻碍了水稻生产性环节外包服务的发展?》,《南京农业大学学报》(社会科学版)2016 年第 2 期。

张江华:《工分制下的劳动激励与集体行动的效率》,《社会学研究》2007 年第 5 期。

张露、罗必良:《规模经济抑或分工经济——来自农业家庭经营绩效的证据》,《农业技术经济》2021 年第 2 期。

张露、罗必良:《小农生产如何融入现代农业发展轨道?——来自中国小麦主产区的经验证据》,《经济研究》2018 年第 12 期。

张燕媛、张忠军:《农户生产环节外包需求意愿与选择行为的偏差分析——基于江苏、江西两省水稻生产数据的实证》,《华中农业大学学报》(社会科学版)2016 年第 2 期。

赵保海:《我国农户兼业化背景下农地规模化经营问题分析》,《求实》2014 年第 11 期。

郑旭媛、徐志刚：《资源禀赋约束、要素替代与诱致性技术变迁——以中国粮食生产的机械化为例》，《经济学（季刊）》2017 年第 1 期。

钟甫宁、何军：《增加农民收入的关键：扩大非农就业机会》，《农业经济问题》2007 年第 1 期。

钟甫宁、纪月清：《土地产权、非农就业机会与农户农业生产投资》，《经济研究》2009 年第 12 期。

钟甫宁、陆五一、徐志刚：《农村劳动力外出务工不利于粮食生产吗？——对农户要素替代与种植结构调整行为及约束条件的解析》，《中国农村经济》2016 年第 7 期。

周振、马庆超、孔祥智：《农业机械化对农村劳动力转移贡献的量化研究》，《农业技术经济》2016 年第 2 期。

朱文珏、罗必良：《劳动力转移、性别差异与农地流转及合约选择》，《中国人口·资源与环境》2020 年第 1 期。

邹宝玲、罗必良：《农地流转的差序格局及其决定——基于农地转出契约特征的考察》，《财经问题研究》2016 年第 11 期。

邹宝玲、罗必良：《农户转入农地规模及其合约匹配》，《华中农业大学学报》（社会科学版）2019 年第 6 期。

［奥地利］西格蒙德·弗洛伊德：《弗洛伊德论创造力与无意识》，孙恺祥译，中国展望出版社 1986 年版。

［美］阿德莱德·布赖：《行为心理学入门》，陈维正、龙葵译，四川人民出版社 1987 年版。

［美］Y.巴泽尔：《产权的经济分析》，费方域、段毅才译，上海三联书店、上海人民出版社 1997 年版。

［美］费景汉、古斯塔夫·拉尼斯：《劳动剩余经济的发展》，王月等译，华夏出版社 1964 年版。

［美］哈罗德·德姆塞茨：《所有权、控制与企业——论经济活动的组织》，段毅才等译，经济科学出版社 1999 年版。

［美］普兰纳布·巴德汉、克里斯托弗·尤迪：《发展微观经济学》，陶然等译，北京大学出版社 2002 年版。

［美］思拉恩·埃格特森：《新制度经济学》，吴经邦等译，商务印书馆 1996 年版。

［美］M. P. 托达罗：《第三世界的经济发展》，于同申等译，中国人民大学出版社 1988 年版。

［日］速水佑次郎：《发展经济学：从贫困到富裕》，李周译，社会科学文献出版社 2003 年版。

［英］弗里德利希·冯·哈耶克：《自由秩序原理》，邓正来译，生活·读书·新知三联书店 1999 年版。

二 英文文献

Acemoglu D. , Johnson S. and Robinson A. , "The Colonial Origins of Comparative Development: An Empirical Investigation", *American Economic Review*, Vol. 91, No. 5, 2001.

Ai C. , Norton E. C. , "Interaction Terms in Logit and Probit Models", *Economics Letters*, Vol. 80, No. 1, 2003.

Alchian A. A. , Demsetz H. , "The Property Right Paradigm", *Journal of Economic History*, Vol. 33, No. 1, 1973.

Alchian A. A. , Kessel R. A. , "Competition, Monopoly, and the Pursuit of Money", *Aspects of Labor Economics*, No. 14, 1962.

Alchian A. A. , "Some Economics of Property Rights", *Politico*, Vol. 30, No. 4, 1965.

Almond D. , Li H. and Zhang S. , "Land Reform and Sex Selection in China", *Journal of Political Economy*, Vol. 127, No. 2, 2019.

Ault D. E. , Rutman G. L. , "The Development of Individual Rights to Property in Tribal Africa", *Journal of Law and Economics*, Vol. 22, No. 1, 1979.

Azam J. P. , Gubert F. , "Those in Kayes: The Impact of Remittances on their Recipients in Africa", *Revue Économique*, Vol. 56, No. 6, 2005.

Bai Y. , Kung K. S. , "The Shaping of An Institutional Choice: Weather Shocks, the Great Leap Famine, and Agricultural De-collectivization in China", *Explorations in Economic History*, Vol. 54, 2014.

Banerjee V. , Gertler J. P. and Ghatak M. , "Empowerment and Efficiency: Tenancy Reform in West Bengal", *Journal of Political Economy*, Vol. 110, No. 2, 2002.

Baron R. M. , Kenny D. A. , "The Moderator—mediator Variable Distinction in Social Psychological Research: Conceptual, Strategic, and Statistical Considerations", *Journal of Personality and Social Psychology*, Vol. 51, No. 6, 1986.

Barro R. J. , "Democracy and Growth", *Journal of Economic Growth*, Vol. 1, No. 1, 1996.

Becker G. S. , "A Theory of Social Interactions", *Journal of Political Economy*, Vol. 82, No. 6, 1974.

Benin S. , "Impact of Ghana's Agricultural Mechanization Services Center Program", *Agricultural Economics*, Vol. 46, No. S1, 2015.

Besley T. , Ghatak M. , "Property Rights and Economic Development", *Handbook of Development Economics*, Vol. 5, No. 1, 2010.

Besley T. , "Property Rights and Investment Incentives: Theory and Evidence from Ghana", *Journal of Political Economy*, Vol. 103, No. 5, 1995.

Brandt L. , Rozelle S. and Turner M. A. , "Local Government Behavior and Property Rights Formation in Rural China", *Journal of Institutional and Theoretical Economics* (*J. I. T. E*), Vol. 160, No. 4, 2004.

Brauw A. D. , Mueller V. , "Do Limitations in Land Rights Transferability Influence Mobility Rates in Ethiopia?" *Essp Working Papers*, Vol. 21, No. 4, 2011.

Carothers T., "The End of the Transition Paradigm", *Journal of Democracy*, Vol. 13, No. 1, 2002.

Chavas J. P., Petrie R. and Roth M., "Farm Household Production Efficiency: Evidence from The Gambia", *American Journal of Agricultural Economics*, Vol. 87, No. 1, 2005.

Chen F., Davis J., "Land Reform in Rural China since the Mid-1980s", *Land Reform*, No. 2, 1998.

Cheung S. N. S., "A Theory of Price Control", *Journal of Law & Economics*, Vol. 17, No. 1, 1974.

Chua A., *World on Fire: How Exporting Free Market Democracy Breeds Ethnic Hatred and Global Instability*, New York: Doubleday, 2002.

Damon A. L., "Agricultural Land Use and Asset Accumulation in Migrant Households: The Case of El Salvador", *The Journal of Development Studies*, Vol. 46, No. 1, 2010.

Davis L. E., North D. and Smorodin C., *Institutional Change and American Economic Growth*, Cambridge: Cambridge University Press, 1971.

Deininger K., Ali D. A. and Alemu T., "Impacts of Land Certification on Tenure Security, Investment, and Land Market Participation: Evidence from Ethiopia", *Land Economics*, Vol. 87, No. 2, 2011.

Deininger K., Jin S. Q. and Xia F., "Moving Off the Farm Land Institutions to Facilitate Structure", *World Development*, 2014.

Deininger K., *Land Policies for Growth and Poverty Reduction*, The Word Bank: World Bank Publications, 2003.

DeJanvry A., Gonzalez-Navarro M. and Sadoulet E., "Are Land Reforms Granting Complete Property Rights Politically Risky? Electoral Outcomes of Mexico's Certification Program", *Journal of Development Economics*, *No.* 110, 2014.

Dower P. , Potamites E. , *Signaling Creditworthiness*: *Land Titles*, *Banking Practices and Access to Formal Credit in Indonesia*, New York: New York University, 2005.

Feder G. , Onchan T. , "Land Ownership Security and Farm Investment in Thailand", *American Journal of Agricultural Economics*, Vol. 69, No. 2, 1987.

Fiske S. T. , Taylor S. E. , *Social Cognition*, New York: McGraw Hill Book Company, 1991.

Furubotn E. G. , Pejovich S. , "La Structure Institutionnelle et les Stimulants Economiques de la Firme Yougoslave", *Revue d'études Comparatives Est-Ouest*, Vol. 3, No. 2, 1972.

Furubotn E. G. , Pejovich S. , "Property Rights and Economic Theory: A Survey of Recent Literature", *Journal of Economic Literature*, Vol. 10, No. 4, 1972.

Gao L. , Huang J. and Rozelle S. , "Rental Markets for Cultivated Land and Agricultural Investments in China", *Agricultural Economics*, Vol. 43, No. 4, 2012.

García Hombrados J. , Devisscher M. and Herreros Martínez M. , "The Impact of Land Titling on Agricultural Production and Agricultural Investments in Tanzania: A Theory-based Approach", *Journal of Development Effectiveness*, Vol. 7, No. 4, 2015.

Ghatak M. , Roy S. , "Land Reform and Agricultural Productivity in India: A Review of the Evidence", *Oxford Review of Economic Policy*, Vol. 23, No. 2, 2007.

Ghebru H. , Holden S. T. , "Technical Efficiency and Productivity Differential Effects of Land Right Certification: A Quasi-experimental Evi-

dence", *Quarterly Journal of International Agriculture*, Vol. 54,
No. 892, 2015.

Giles J., Mu R., "Village Political Economy, Land Tenure Insecurity,
and the Rural to Urban Migration Decision: Evidence from China", *A-
merican Journal of Agricultural Economics*, Vol. 100, No. 2, 2018.

Grier K. B., Tullock G., "An Empirical Analysis of Cross-national Eco-
nomic Growth, 1951 – 1980", *Journal of Monetary Economics*, Vol. 24,
No. 2, 1989.

Hall R. E., Jones C. I., "Fundamental Determinants of Output Per
Worker across Countries", *Stanford Economics Working Paper*, 1998.

Hardin G., "The Tragedy of the Commons", *Science*, No. 162, 1968.

Hart O., *Firms, Contracts, and Financial Structure*, Oxford: Claren-
don Press, 1995.

Hayami Y., Otsuka K., *The Economics of Contract Choice: An Agrarian
Perspective*, Oxford: Oxford University Press, 1993.

Hayami Y., Ruttan V. W., "Factor Prices and Technical Change in Ag-
ricultural Development: The United States and Japan, 1880 – 1960",
Journal of Political Economy, No. 5, 1970.

Hayek F. A. V., "The Constitution of Liberty", *Journal of the American
Medical Association*, Vol. 172, No. 8, 1999.

Hazell P. et al., "The Future of Small Farms: Trajectories and Policy
Priorities", *World Development*, Vol. 38, No. 10, 2010.

Heider F., *The Psychology of Interpersonal Relations*, London: Psychol-
ogy Press, 1982.

Heltberg R., "Property Rights and Natural Resource Management in De-
veloping Countries", *Journal of Economic Surveys*, Vol. 16, No. 2,
2002.

Holden S., Deininger K. and Ghebru H., *Impact of Land Certification on*

Land Rental Market Participation in Tigray Region, *Northern Ethiopia*, Oslo: Norwegian University of Life Sciences, 2007.

Jacoby H. G. , Minten B. , "Is Land Titling in Sub-Saharan Africa Cost-effective? Evidence from Madagascar", *The World Bank Economic Review*, Vol. 21, No. 3, 2007.

Jacoby H. , Li G. and Rozelle S. , *Hazards of Expropriation: Tenure Insecurity and Investment in Rural China*, American Economic Review, 2002.

James Kai-sing Kung, Shouying Liu, "Farmers' Preferences Regarding Ownership and Land Tenure in Post-Mao China: Unexpected Evidence from Eight Counties", *The China Journal*, No. 10, 1997.

Janvry A. D. et al. , "Delinking Land Rights from Land Use: Certification and Migration in Mexico", *American Economic Review*, Vol. 105, No. 10, 2015.

Jefferson P. N. , *The Oxford Handbook of the Economics of Poverty*, Oxford: Oxford University Press, 2012.

Jin S. , Deininger K. , "Land Rental Markets in the Process of Rural Structural Transformation: Productivity and Equity Impact from China", *Journal of Comparative Economics*, Vol. 37, No. 4, 2009.

Johnson O. , "Economic Analysis, the Legal Framework and Land Tenure Systems", *Journal of Law and Economics*, Vol. 15, No. 1, 1972.

Kagin J. , Taylor J. E. and Yúnez-Naude A. , "Inverse Productivity or Inverse Efficiency? Evidence from Mexico", *Journal of Development Studies*, No. 3, 2016.

Kaplan Robert D. , *The Coming Anarchy: Shattering the Dreams of the Post-cold War*, New York: Random House, 2000.

Kemper N. , Ha L. V. and Klump R. , "Property Rights and Consumption Volatility: Evidence from a Land Reform in Vietnam", *World Develop-*

ment, No. 71, 2015.

Knetsch J. L. , "Values of Gains and Losses: Reference States and Choice of Measure", *Environmental and Resource Economics*, Vol. 46, No. 2, 2010.

Kung J. K. , Bai S. Y. , "Induced Institutional Change or Transaction Costs? The Economic Logic of Land Real-locations in Chinese Agriculture", *Journal of Development Studies*, Vol. 47, No. 10, 2011.

Kung J. K. , "Off-farm Labor Markets and the Emergence of Land Rental Markets in Rural China", *Journal of Comparative Economics*, Vol. 30, No. 2, 2002.

Lavine H. et al. , "The Moderating Influence of Attitude Strength on the Susceptibility to Context Effects in Attitude Survey", *Journal of Personality and Social Psychology*, Vol. 75, No. 2, 1998.

Levine E. R. , "Tropics, Germs, and Crops: How Endowments Influence Economic Development", *Journal of Monetary Economics*, Vol. 50, No. 1, 2003.

Lewis W. A. , "Economic Development with Unlimited Supplies of Labour", *The Manchester School of Economic and Social Studies*, Vol. 22, No. 2, 1954.

Lin J. Y. , "Rural Reforms and Agricultural Growth in China", *American Economic Review*, Vol. 82, No. 1, 1992.

Lin Y. , "The Household Responsibility System Reform in China: A Peasant's Institutional Choice", *American Journal of Agricultural Economics*, Vol. 69, No. 2, 1987.

Liu Y. et al. , *The Influence of Labor Price Change on Agricultural Machinery Usage in Chinese agriculture*, Canadian Journal of Agricultural Economics, Vol. 62, No. 2, 2014.

Liu Y. et al. , "Will Farmland Transfer Reduce Grain Acreage? Evidence from Gansu Province, China", *China Agricultural Economic Review*, Vol. 10, No. 5, 2018.

Luo B. , "40-year Reform of Farmland Institution in China: Target, Effort and the Future", *China Agricultural Economic Review*, Vol. 10, No. 1, 2018.

Markussen T. , "Property Rights, Productivity, and Common Property Resources: Insights from Rural Cambodia", *World Development*, Vol. 36, No. 11, 2008.

Ma X. et al. , "Land Tenure Insecurity and Rural-urban Migration in Rural China", *Papers in Regional Science*, Vol. 95, No. 2, 2016.

Ma X. et al. , "Land Tenure Security and Land Investments in Northwest China", *China Agricultural Economic Review*, Vol. 5, No. 2, 2013.

McGuire W. J. , "Inducing Resistance to Persuasion: Some Contemporary Approaches", *Experimental Social Psychology*, Vol. 24, No. 1, 1964.

Melesse M. B. , Bulte E. , "Does Land Registration and Certification Boost Farm Productivity? Evidence from Ethiopia", *Agricultural Economics*, Vol. 46, No. 6, 2015.

Mullan K. , Grosjean P. and Kontoleon A. , "Land Tenure Arrangements and Rural-urban Migration in China", *World Development*, Vol. 36, No. 1, 2011.

Newman C. , Tarp F. and Van Den Broeck K. , "Property Rights and Productivity: The Case of Joint Land Titling in Vietnam", *Land Economics*, Vol. 91, No. 1, 2015.

North D. , *Institutions, Institutional Change and Economics Performance*, New York: Cambridge University Press, 1990.

North D. , Thomas R. , *The Rise of the Western World: A New Economics History*, New York: Cambridge University Press, 1973.

Oi J. C. , "Two Decades of Rural Reform in China: An Overview and Assessment", *China Quarterly*, No. 159, 1999.

Olson M. , *The Rise and Decline of Nations*, New Heaven: Yale University Press, 1982.

Payne G. , Durand-Lasserve A. and Rakodi C. , "The Limits of Land Titling and Home Ownership", *International Institute for Development and Environment (IIED)*, Vol. 21, No. 2, 2009.

Perkins D. H. , " Reforming China's Economic System", *Journal of Economic Literature*, Vol. 26, No. 2, 1988.

Robinson M. , "Why Nations Fail: The Origins of Power, Prosperity and Poverty", *Development Policy Review*, Vol. 32, No. 1, 2004.

Rodrik D. , Subramanian A. and Trebbi F. , "Institutions Rule: The Primacy of Institutions Over Geography and Integration in Economic Development", *Journal of Economic Growth*, No. 9, 2004.

Rodrik D. , Wacziarg R. , "Do Democratic Transitions Produce Bad Economic Outcomes?", *American Economic Review*, Vol. 95, No. 2, 2005.

Ruttan V. W. , "Productivity Growth in World Agriculture: Sources and Constraints", *Journal of Economic Perspectives*, No. 4, 2002.

Schultz T. W. , " Nobel Lecture: The Economics of Being Poor", *Journal of Political Economy*, Vol. 88, No. 4, 1980.

Sims B. , Kienzle J. , "Making Mechanization Accessible to Smallholder Farmers in Sub-Saharan Africa ", *Environments*, Vol. 3, No. 2, 2016.

Sokoloff K. L. , Engerman S. L. , "History Lessons: Institutions, Factors Endowments, and Paths of Development in the New World", *Journal of Economic Perspectives*, Vol. 14, No. 3, 2000.

Solow R. , " A Contribution to the Theory of Economics Growth", *Quar-*

terly Journal of Economics, Vol. 70, No. 1, 1956.

Soto H. D., "The Mystery of Capital", *Military Review*, Vol. 81, No. 5, 2001.

Spence K. W., Spence J. T., *Psychology of Learning and Motivation*, New York: Academic Press, 1967.

Stamm V., "The World Bank on Land Policies: A West African Look at the World Bank Policy Research Report", *Africa*, Vol. 74, No. 4, 2004.

Svejnar J., Commander S. J., *Ownership, Exporting and Competition Explain Firm Performance? Evidence from 26 Transition Countries*, Bonn: The Institute for the Study of Labor, 2007.

Taylor J. E. et al., "Does Migration Make Rural Households More Productive? Evidence from Mexico", *Journal of Development Studies*, Vol. 46, No. 1, 2010.

Valsecchi M., "Land Property Rights and International Migration: Evidence from Mexico", *Journal of Development Economics*, Vol. 110, 2014.

Wang C. G. et al., "Impacts of Migration on Household Production Choices: Evidence from China", *Journal of Development Studies*, Vol. 50, No. 3, 2014.

Wang H., Riedinger J. and Jin S., "Land Documents, Tenure Security and Land Rental Development: Panel Evidence from China", *China Economic Review*, No. 36, 2015.

Wang H. et al., "To Reallocate or Not: Reconsidering the Dilemma in China's Agricultural Land Tenure Policy", *Land Use Policy*, Vol. 28, No. 4, 2011.

Wang X., Yamauchi F. and Huang J., "Rising Wages, Mechanization, and the Substitution between Capitaland Labor: Evidence from Small

Scale Farm System in China", *Agricultural Economics*, Vol. 47, No. 3, 2016.

Weede E. , "The Impact of Democracy on Economics Growth: Some Evidence from Cross-National Analysis", *Kyklos*, Vol. 36, No. 1, 1983.

Williamson, *The Mechanism of Governance*, New York: Oxford University Press, 1996.

Yang D. T. , "China's Land Arrangements and Rural Labor Mobility", *China Economic Review*, Vol. 8, No. 2, 1997.

Young A. A. , "Increasing Returns and Economic Progress", *Economic Journal*, Vol. 38, No. 152, 1928.

Zhang X. , Yang J. and Thomas R. , "Mechanization Outsourcing Clusters and Division of Labor in Chinese Agriculture", *China Economic Review*, Vol. 43, 2017.

Zhang Y. et al. , "The Impact of Land Reallocation on Technical Efficiency: Evidence from China", *Agricultural Economics*, Vol. 11, No. 4, 2011.

Zhu K. et al. , "The Rural Land Question in China: An Analysis and Recommendations Based on a 17 Province Survey in 2005", *Journal of International Law and Politics*, Vol. 38, No. 4, 2006.

索　引